AI와 학문

인공지능총서

인공지능 시대입니다. 기계가 인간의 인지를 대신하고, 사물이 인간을 통하지 않고 다른 사물과 직접 커뮤니케이션합니다. 이에 따른 인간 삶과 문명 변화를 정확히 이해·예측·대응하는 것은 이 시대 우리 모두의 과제입니다. 인공지능총서는 인공지능 기술과 환경의 여러 주제를 10가지 키워드로 정리합니다. 관련 개념과 이론, 학계와 산업계의 쟁점, 우리 일상의 변화를 다룹니다. 인간과 기술의 현재, 미래를 세심히 분석합니다.

일러두기

- 인명, 작품명, 저서명, 개념어 등은 한글과 함께 괄호 안에 해당 국가의 원어를 병기했습니다.
- 외래어 표기는 현행 어문규정의 외래어표기법을 따랐습니다. 다만 '딥러닝', '딥마인드', '딥페이크' 등은 관행을 따랐습니다.

AI와 학문

김일철

ㅋ

대한민국, 서울, 커뮤니케이션북스, 2024

AI와 학문

지은이 김일철
펴낸이 박영률

초판 1쇄 펴낸날 2024년 10월 28일

커뮤니케이션북스(주)
출판 등록 2007년 8월 17일 제313-2007-000166호
02880 서울시 성북구 성북로 5-11
전화(02) 7474 001, 팩스(02) 736 5047
commbooks@commbooks.com
www.commbooks.com

ISBN 979-11-7307-131-7 03500

책값은 뒤표지에 표시되어 있습니다.

차례

AI 시대의 학문하기

'학문'하면 쉽게 공부를 떠올린다. 학문(學問), 배울 학(學), 물을 문(問), 중국어는 문법상 동사가 목적어 앞에 오니 '질문을 배우는 것'이 곧 학문이다. 그 앞에 'AI 시대'라고 해서 시간적 구분을 둔 까닭은 학문이 AI의 출현 이전에 비해서 무엇이 달라졌나 혹은 어떻게 달라져야 하는지를 논의하기 위한 시간 범위 설정이다. 2023년, 오픈에이아이(OpenAI)의 챗지피티(ChatGPT) 출시로 일반인을 위한 AI(인공지능, 이하 혼용) 시대가 열렸다. 다보스 포럼의 CEO인 클라우스 슈바프(Klaus Schwab)가 2016년 선언한 '4차 산업 혁명 시대'가 본격적으로 개막된 것이다. 일자리의 소멸에서부터, 학문과 산업에 미칠 영향, 윤리, 도덕적인 문제 나아가 인지와 언어 구조의 변화에 이르기까지 다양한 논의와 연구가 광범위하다. AI(여기서는 상징적으로 챗지피티로 대표한다)의 일상화는 시간 문제다. 현대인의 대다수가 인터넷이 연결되지 않거나 스마트폰이 없는 사회생활을 상상하지 못한다.

이 책에서는 AI에 관한 기술적이고 세부적인 논의는 해당 분야 전문가들의 몫으로 돌리고, 스마트폰이나 인터넷처럼 일상화될 챗지피티를 여하히 익히고 활용할 수 있을 것인가를 우리 문화와 관습 그리고 학문적 관점에서 일반적인 논의를 다루고자 한다. 인공지능은 사용자 간 분야와 익숙함의 차이는 있을지언정 공통점이라면 모두가 뭔가 새로운 정보나 아이디어를 얻기 위함이다. 새롭게 알려는 바 곧, 배우려는 것이다. 문제는 챗지피티의 등장으로 인해 이전 같으면 독서가 됐든 수업이 됐든, 직 · 간접 경험이든 모든 새로운 혹은 색다른 정보나 지식의 습득 방식이 이전과는 확연히 달라진다는 사실이다. 두 가지 극복해야 할 난제가 가로막고 있다. 하나는 영어(적 사고)라는 언어의 문제요, 다른 하나는 (능동적)질문이라는 문화의 문제다. 이 두 개의 장애는 우리 한국인에겐 여간 심각한 문제가 아닐 수 없다. 문자에 이어 활자의 발명으로 굳어진 선형적 사고는 우리 말의 존칭어 구조를 근간으로 유교적 권위주의와 교착화되어 다원적, 다층적 사고가 절대적으로 필요한 자주적 질문을 가로막는다. '오륀지' 사태와 해외여행의 확산으로 언어 능력이 향상된 것 또한 사실이지만 챗지피티 알고리즘의 바탕을 이루는 영어는 여전히 우리에겐 불편한 외국어일 뿐이다. 더 심각하게는 그 언어가 개별적, 관계적 혹은 수평적, 수직적으로 상이하며 이는 디지털과 아날로그 사고 차이로 이어진다는 데 문제의 심각성이 내재하고 있다. 좁게는 질문과 언어라는 구조적 한계를 넘어, 넓게는 AI 시대의 학문 영역에 관한 범주 설정과 선생과 학생이라는 전달자와 수용자 간의 역할에 관한 논의 등 AI 시대의 학문하기에 관해 다루어야 할 주제가 광범위하다.

변화를 수용하기 위한 시도

저자가 기업에서 그리고 대학교에서 담당하고 가르쳐 온 과목은 광고홍보 분야다. 위에서 언급한 변화의 일부라도 수용해 보려는 노력으로 『복잡계 광고』(2014), 『복잡계 PR』(2014), 그리고 『IMC의 공진화』(2015) 등을 출간한 바 있다. 이 책들은 근대 과학의 기계론적 유물론 곧, 요소 환원주의적 과학 이론을 단순계라 칭하고 그 한계를 극복하고자 출현한 전체주의(Holism)적 시각인 복잡계에 입각한 기존 이론의 문제점을 지적하고 발전적 대안을 모색하려는 노력의 일환이다. 하지만 이는 광고홍보라는 제한된 분야의 개별 과목들에 관한 논의였다. 보다 보편적이고 광범위한, 이를테면 학문적 차원에서의 논의를 펼쳐야 할 때다. 이러한 문제의식은 코로나19라는 팬데믹을 거치면서 더욱 절실해졌다. 여러 학회를 다녀보거나 논문집을 살펴보면, 단순계적 패러다임의 한계를 지적하고 이를 극복하려는 시도를 도처에서 찾아볼 수 있다. 문제는 이들을 꿰는 학제 간 연구가 아직은 미흡하다는 사실이다. 대학교별 학과, 학부 혹은 단과대학 수준의 통폐합이라든지 명칭 변경 등의 노력이 있었지만, 학문적 수요보다는 학교 경쟁력이라는 내부 문제에 치우친 감이 적지 않다. 대외적으로는 2000년, 삼성 경제 연구소의 주도로 시작된 복잡계 연구가 2006년 이후 학회로 발전되어 오늘에 이르고 있는 수준이다.

비대면 수업의 교훈

2020년 1월, 코로나19의 확산 조짐이 보이자 교육부는 서둘러 초등학교에서 대학교에 이르는 전 교과 과정에 비대면 수업을 하달한다. 다른 때 같으면 긴 겨울 방학으로 텅 비어 있어야 할 학교 주차장이 꽉 차고 연구실은 밤늦도록 불이 꺼지질 않는다. 비대면 수업 준비 때문이다. 평소 PPT 제작에서 영상 편집에 이르는 과정에 익숙한 선생들에게는 다소 번거로워도 시간이 지체될 뿐이지만 그렇지 못한 교수, 교사들은 난감하지 않을 수 없는 노릇이다. 조교들이 불려 나오고 다룰 줄 아는 교수들의 연구실이 문전성시를 이룬다. 어찌어찌 개강은 했지만, 이런저런 문제(장비운영과 출석 확인, 성적 공고 등)와 불만(미 등교에 따른 등록금 감축 요구 등)이 표출된다. 하지만 이런 문제들은 시간이 지나면서 해소되거나 사라진다. 정작 놀라운 것은 학습의 효율성이다. 나름대로 강의 효과 개선을 고민하는 선생들이라면 자기 주도 학습이니 거꾸로 학습이니 혹은 스토리텔링 학습이니 하는 다양한 기법들을 시도해 봤지만, 별 신통한 효과를 보지 못해 왔다. 그런데 비대면 수업은 많은 변화를 가져온다. 그중 가장 큰 변화는 예습과 질문이다. 선행 학습 혹은 거꾸로 학습은 학생들의 사전 예습이 필수다. 저자의 경우 마침 정년을 앞두고 은퇴 논문 정리 삼아 담당 과목을 10여 개의 영상으로 편집하던 차였다. 이를 매주 학생들에게 미리 보여 주고(온라인 탑재), 다음 시간에 이에 관한 토론과 질문을 나누었다. 물론 모두가 영상을 통한 비대면이다. 발표와 토론에 수업 시간이 모자랄 지경이다. 질문 또한 마찬가지다. 대면 수업에선 질문을 기대하기 힘들다. 있어도 수업을 마치고 탁자 앞으로 나와 개별적으로 묻는 게 고작이다. 하지만 비대면 수업에서는 영상 대면이든 쪽지 질문이든 시간 내에 소화하기 어려울 지경이다.

진화된 세대

왜 그럴까? 저들은 이미 준비돼 있었다. X 세대 이후 NZ 그리고 요즘의 알파 세대는 충분히 디지털 환경에 맞도록 진화된 상태다. 문제는 전달자에게 있었는데 수용자만 탓한 셈이다. 타 직종이나 사회 변화 속도에 비해 교수의 정년이 길다고 여겨 은퇴와 더불어 교단을 내려오겠다고 내심 다짐한 바 있다. 그러나 비대면 수업의 연장으로 자의 반 타의 반 두 학기를 더 진행하며 다양한 실험을 거쳤다. 그중 하나가 수용자 선택권을 보장하는 COD(Contact On Demand) 수업 방식이다. VOD에서 차용해서 저자가 만든 이 용어의 개념인즉슨 학생들이 1) 비대면이 풀리면 출석 수업, 2) 풀리더라도 등교 사정이 안 되면 실시간 비대면 참가, 혹은 3) 녹화 영상에 의한 추후 자가 수업 등이다. 전적으로 수용자인 학생들의 자율 선택에 맡기되 참여 방식에 따른 차등은 두지 않는다는 방침이다. 코로나가 끝나도 적지 않은 대학교와 전공 과목의 학생들이 비대면 수업의 연장 내지는 선택을 요구한다. 초기의 등록금 반환 투쟁과는 격세지감이다. 그만큼 시간은 중요한 변수요, 자원이기 때문이다. 시간의 가치는 사회가 가속화될수록 증가할 것이 자명하다. 여하히 본인과 상대방의 시간을 절약할 수 있을 것인가 하는 배려는 비단 학문의 영역이 아니더라도 전방위적으로 고려되어야 할 사항이다.

인공지능의 접합

이러한 형식적, 절차적 변화와 함께 인공지능을 수용하는 연구 및 교수, 학습 방법 등에 관한 본격적인 논의를 시작할 때다. 이를 위해 이 책에서는 '학문(學問)'이라는 단어의 한자로서 의미와 '복잡계'라는 (아직은 정착되지 않은) 패러다임에 주목한다. 인공지능 시대에는 프롬프트 엔지니어링(Prompt Engineering)이 대변하듯 질문이 관건이다. 하지만 우리는 유교적 · 수직적 문화와 존칭어라는 표현으로 질문이 자유롭지 못한 시절을 관통해 오고 있다. 가속화로 인한 각종 신조어 내지는 축약어의 증폭은 비대면 네트워크의 확산과 함께 세대 간 의사표시를 점차 자유롭게 할 전망이다. 그리고 이러한 비선형(네트워크) 사회 구조는 인터넷의 등장과 함께 나타나기 시작한 초기 조건들이 민감하게 작용하여, 부정 되먹임과 자기 조직화라는 프렉탈을 반복한다. 유튜브의 활성화가 좋은 예다. 이러한 증폭은 마침내 창발에 이를 것이라는 복잡계적 패러다임은 송·수신자를 융합하는 커뮤니케이션 구조에 대한 새로운 해석의 단초를 제공할 수 있을 것으로 기대한다.

이 책의 구성

이러한 논지 하에 이 책은 조작적 정의를 위한 정의에서 기존 아날로그 내지는 선형적 사회 구조 하에서 통용되던 학문과 연관된 용어와 개념들에 대한 문제점과 대안에 관한 논의를 전제로 시작한다. 동양 학문의 제약은 본디 서양 학문의 자연 과학적 호기심과 달리 인간 내면에 대한 성찰에 주목한 질문의 부재 내지는 원천 봉쇄를 다룬다. 그러한 연장 선상에서 우리 학문의 토양이 어떤지, 인공지능을 수용하는 과정에서 극복 내지는 개선해야 할 부분을 짚어 본다. 정체성과 주체성에서는 사제 간의 선형성이란 그렇지 않아도 부재한 학문 구조가 오직 선생이나 웃어른의 행동거지를 좇아야만 하는 선형적 한계가 존칭어라는 언어 구조와 더불어 하향식 전달 방식의 고착화라는 문제의식을 고양한다. 전환 시대의 논리는 코로나19로 인한 비대면 교육 현장에서 포착된 일련의 전환 과정을 확대하고, 해석해 보려는 것이다. 이는 앞의 글들에서 논의한 수직적, 일방적, 비질문적 학문의 전달 체계가 어쩌면수평적 공유 체계로 전환될 가능성을 모색해 보고자 함이다.

6장 이후부터는 AI의 등장을 전제로 논지를 이어간다. 다품종 소량 생산으로 표현되는 탈대량 생산과 소비 구조는 요즘 기업에서 부는 탈중앙화된 자율 조직의 변화 및 네트워크의 확산과 함께 탈중심적 사고를 부추긴다. 이는 비선형, 비시계열 확산으로 계층 구조(hierarchy)를 무력화시키는 데 일조한다. 따라서 기존의 가치와 기준을 변형한다. 이를 7장의 옳음과 정상에서는 뉴노멀이 노멀화하는 과정을 추적한다. 이를테면, 선생과 학생을 넘어 송 · 수신자의 쌍방향 소통이 일상화하는 디지털 학문 환경에서는 쌍방 간에 인공지능의 활용과 수용 범위, 나아가 그 내용에 관한 검증과 채택 여부 등의 합일점을 찾아가는 노정에 서로의 보폭을 맞추려는 노력을 주목한다.

더불어 생존을 넘어서는 우리 사회가 생활 사회로 진입 내지는 전환하는 과정에서 걸림돌이 되는 질문과 언어 외적인 장애 요인을 점검한다.

영성 자본의 시대란, 쌍방이 참여하는 학문적 노력은 최종적으로 어디를 지향하는가를 논한다. 그 답은 영성 회복을 통한 온전함이다. 당연히 여기서 영성이란 종교적 차원을 넘어선 얘기다. 전 세계 마케팅을 선도하는 필립 코틀러(Philip Kotler)는 지난 십수 년간 마케팅 시리즈물(마케팅 3.0~6.0)에서 이를 다룬다. 이러한 논의들은 다분히 복잡계 패러다임을 전제하며 그 최종 현상은 창발이다. 레이 커즈와일(Ray Kurzweil)이 예견한 싱귤래리티(singularity), 곧 특이점은 2045년으로 향후 20년 뒤의 일이다. 하지만 많은 전문가들이 그 시기를 앞당기거나 심지어 이미 도래했다고 주장한다. 분명한 것은 특이점은 앞서 논의한 네트워킹(1991)과 모빌리티(2003)에 이은 인공지능(2023)의 연장선상에 놓여있다는 점이다. 우리는 여전히 과도기를 통과하는 중이지만 미래 어딘가에 닿을 목표, 곧 온전함으로의 회귀를 상정하고 오늘을 설명할 수 있는 논의를 멈춰서는 안 된다. 모든 학문은 미래학인 까닭이다.

후기

일반인을 위한 인공지능인 챗지피티가 언론에 소개된 지 얼마 지나지 않아 김대식 교수는 『챗GPT에게 묻는 인류의 미래: 김대식 교수와 생성인공지능과의 대화』(2023)라는 책을 출간한다. 부제에서 보여 주듯 내용의 대부분은 챗지피티의 반응이다. 챗지피티3.0버전을 두고 주로 영어로 대화한 탓에 역주가 여럿 붙어 있다. 이 책을 필두로 서점에는 인공지능을 활용한 책들이 봇물 터지듯 쏟아지기 시작한다. 어떤 책은 인공지능의 개입 정도를 밝혀 놓았고 다른 책들은 읽어 보아야 사람과 인공지능의 역할 분담을 구분할 수 있을 정도로 출판 시장은 혼란하다. 이 책을 쓰는 동안 논의의 전개를 위한 경우를 제외하고는 가급적 챗지피티의 활용을 자제하고 필요한 부분은 포털 사이트의 검색을 인용하는 정도로 진행하였다. 그러나 탈고 후에는 챗지피티 4.0에게 완성 원고(A4 30여 장 분량)를 탑재하고 아래와 같이 두 가지 물음을 제시하고 반응을 도출했다. 그동안 여러 권의 전공, 비전공 관련 저술과 번역을 해 왔지만, 이러한 작업은 처음 해 보는 일이다. (물론, 앞서 언급한 책들은 인공지능 이전의 작업이기는 하다.)

출고 전에 챗지피티의 반응을 수정, 보완할지 잠시 망설였지만, 저자의 원고는 그대로 두고 대신 대화 부분만을 아래에 추가로 옮겨 적는다. 독자들과 생각의 여운을 공유하고 싶은 마음에서다. 따라서 이 부분은 마지막까지 읽은 후 반추할 때 고려하기를 권한다. 여기서 쪽수는 모니터 상의 파일 기준으로 책과는 다르다.

저자/ 이 책이 담고 있는 내용을 간단하게 요약해 줘.
챗지피티/(전반의 응답은 생략)이 책은 전체적으로 AI가 가져오는 학문의 변화와 새로운 시대에 적합한 학문의 역할을 탐구하고 있으며, 이를 동서양의 학문적 전통과 현대적 도전 과제와 연결 지어 설명하고 있습니다.

저자/네가 볼 때 1. 주제에서 다소 벗어난 문장 2. 좀 더 보완해야 할 내용과 들어갈 자리를 쪽 번호와 함께 알려 줘.
챗지피티/책의 주제에서 다소 벗어난 문장과, 보완이 필요한 내용을 파악하기 위해 분석을 진행하겠습니다. 이를 통해 적절한 위치를 제안드리겠습니다.
1. 주제에서 다소 벗어난 문장과 쪽 번호
책의 주제가 AI가 가져오는 학문의 변화와 새로운 시대에 적합한 학문의 역할에 관한 것이라면, 주제와 크게 관련이 없거나 부차적인 내용은 아래와 같을 수 있습니다:
문화적 요소와 개인적 경험에 대한 서술: 예를 들어, 특정 기업이나 교육 경험에 대한 지나치게 세부적인 서술은 주제에서 벗어날 수 있습니다.
17쪽: "국내 대기업에 근무하다가 미국에 본사를 둔 다국적 기업으로 옮긴 지 얼마 안 돼서의 일이다…" (개인적인 경험 서술)

과도한 역사적 배경 설명: 동서양 학문의 차이에 대한 논의에서 지나치게 역사적 맥락에 집중하는 부분도 주제에서 다소 벗어날 수 있습니다.

9쪽: "하와이 거주 동포들의 한일 관계 인식 유형에 관한 연구…" (구체적인 역사적 배경)

2. 보완해야 할 내용과 들어갈 자리

책의 주제를 더 강화하고 독자에게 더 명확한 메시지를 전달하기 위해, 다음과 같은 보완이 필요할 수 있습니다.

AI 시대에 학문적 방법론의 구체적 사례: AI가 어떻게 학문적 연구 방법론에 영향을 미치고 있으며, 어떤 구체적인 변화가 필요한지를 더 명확히 설명하는 것이 중요합니다.

보완할 위치: 17쪽에서 "학문적 변화와 새로운 패러다임"에 대한 논의 직후, AI 시대의 학문적 방법론을 예시와 함께 보완하면 주제가 더욱 강화될 수 있습니다.

AI와 윤리적 문제: AI 시대에 학문이 윤리적 문제를 어떻게 다룰 것인지에 대한 논의도 중요합니다. 예를 들어, AI가 학문의 객관성과 윤리성을 어떻게 보장할 수 있는지에 대한 논의가 포함될 수 있습니다.

보완할 위치: 15쪽, "AI 기술이 사회에 미치는 영향"에 대한 논의 후, AI와 윤리적 문제에 대한 구체적인 예시를 추가하면 논의가 더 풍부해질 수 있습니다.

01
정의를 위한 정의

AI 시대, 학문이 처한 상황과 공유 방식, 그리고 내용 기록 등이 총체적으로 바뀌고 있다. 새 술은 새 부대에 담아야 하듯이 AI에서 자유로울 수 없는 학문 전반에 관한 새로운 논의가 필요하다. 아이가 어릴 적에는 문지방에 세워 놓고 키만 쟀지만 커 가면서는 건강을 위해 체중이나 혈당, 혈압, 체지방 등을 두루 파악해야 한다. AI가 인간만의 고유한 능력이요 활동이라 믿었던 사고와 인지 내로 깊숙이 들어오고 있다. 그 중심에 바로 학문이 자리하고 있다. 학문에 관한 새로운 개념 정립 곧, 정의(定義)를 시도할 때다. 그래야 정의(正義)를 지향할 수 있기 때문이다.

시대 정신

마이클 샌델(Michael Sandel)이 촉발시킨 『정의란 무엇인가?』(2014)에 관한 논의가 광풍처럼 한바탕 이 땅을 훑고 지나갔다. 세계 37개국에서 번역 · 출간됐다는 이 책이 정작 본토인 미국에서의 판매가 10만 여부에 그친 데 반해 우리나라에서는 200만 부를 넘긴 까닭이 무엇일까? 우리에게는 정의가 없다거나 혹은 왜곡됐다는 결핍감이나 자성 때문이었을까? 샌델이 책에서 정의를 위해 제시하는 공리, 자유 그리고 미덕에 관한 한, 우리는 전 국민 아니 적어도 다수가 동의하는 합의(consensus)에 이르지 못하고 있다.

근대화 과정 곧, 1960~1970년대의 산업화와 1980~1990년대의 민주화를 거치면서 '잘 살아보세' 혹은 '독재타도'와 같은 구호는 묵시적일지언정 적어도 다수의 동의와 합의를 전제했다. 그러나 4차 산업 혁명이 시작되는 21세기에 들어서면서 우리는 구심점을 잃었다. 엎친 데 덮친 격으로 그간의 압축 성장으로 누적된 후유증이 중첩되어 온갖 사회 문제를 분출시키고 있다. 이 지점에서 '정의란 무엇인가'에 관한 논의가 촉발된 것은 시의적절하다고 할 수 있다.

문제는 그러한 논의가 정의를 공유하는 데 이르지 못

하고 있다는 사실이다. 왜? 시대정신을 관통하는 정의(定義)가 부재하기 때문이다.

한 시대의 지배적인 지적 · 정치적 · 사회적 동향을 나타내는 정신적 경향으로 읽히는 시대정신에서 한 시대는 적어도 한 세대, 곧 30년 정도를 의미한다. 그러나 지금 우리에겐 30년은커녕 3년도 지탱할 수 있는 시대정신이 없다. 누구는 선진주의라하고 누구는 건너가기라고 한다. 선거 때마다, 정치인마다 시대정신을 들고나온다. 시대정신은 곧 그 시대 구성원들의 대다수가 공인하는 정의(正義)를 바탕으로 한다. 그리고 그 토대 위에 정의(定義)가 자리한다. 대다수가 공인할 수 있으려면 사회 각 분야별 정의가 전제되어야 한다. 자칫 닭이 먼저냐, 달걀이 먼저냐 하는 순환 모순에서 헤어나기 힘들다. 여기에 학문의 역할이 자리한다.

지금 우리는 크게는 인공지능에서 비롯된 패러다임 시프트라는 세기적 과도기에, 작게는 민주화 이후 새로운 정의의 수립이라는 국가적 과제에 직면해 있다. 국가적 과제인 만큼 사회 전방위적인 관심과 참여가 요구된다.

그러나 이 책의 제목이 AI와 학문 곧 인공지능과 학문의 관계, 역할 등에 제한된 만큼, 학문이라는 대상 그리고 이를 다루는 주체로서의 학자(혹은 선생)와 이를 공유(전수)하는 또 다른 주체로서의 학생 등을 포착하는 관점에서 논의를 제한하기로 한다.

조작적 정의

조작적 정의(操作的 定義, operational definition)는 사물 또는 현상을 객관적이고 실험적으로 기술하기 위한 것으로 커뮤니케이션에 있어서 전달자와 수용자 간의 합의(consensus)를 위한 전제 조건 혹은 그러한 노력이다.

2006년 12월 서울대학교 호암 교수회관에서 제1회 복잡계 컨퍼런스가 열렸다. 삼성 경제 연구소(SERI)에서 시작되어, 4년 정도 이어 오던 복잡계 워크샵을 확대시킨 행사로 이후 한국 복잡계 학회(www.complexity.kr)로 발전한다.

이 컨퍼런스에서 저자는 '복잡계와 IMC: 새로운 광고 이론의 패러다임 확장을 위한 논의'라는 제목의 발표를 한다. '통합적 마케팅 커뮤니케이션(Integrated Marketing Communication)'으로 번역되는 IMC는 80년대 후반 전통적인 광고와 PR이 판촉, DM, 전시회 이벤트 등으로 그 수단이 다양화하고 뉴미디어의 등장으로 매체 또한 복잡다기해짐에 따라 송신자(광고주)가 전달하는 메시지의 통일(one voice, one look)을 기하기 위한 전략 개념이다. 하지만 광고 효과가 저하되는 데는 수단이나 매체의 다양화 이면에 훨씬 더 근본적이고 심각한 이유들이 내재해 있었다. 이를테면 이제까지 광고나 PR 등 마케팅 메시지 전달을 지탱해 온 커뮤니케이션 이론은 송신자〉메시지〉채널〉수신자에 이르는 지극히 선형적(linear)이고 순차적(sequential)인 소위 SMCRE 라는 고전적 모델에 기반하고 있었다. 그런데 폴 라자스펠드(Paul Lazarsfeld)나 해롤드 라스웰(Harold Lasswell) 등에 의해 고안된 이 이론들은 2차 세계 대전 중에 등장한 것들이다. 요즘과 같은 인터넷은커녕 텔레비전조차 보급되기 이전의 일이다. 이 당시에 통용되던 광고에 관한 정의는 '광고란 식별된 후원자에 의한 아이디어, 제품, 서비스의 비인적 제시 및 촉진의 형태로서 그의 대금이 지불된 것'으로 이는 1964년 미국 마케팅 학회(AMA)가 정의한 것이다. 하지만 광고는 이미 '식별된 후원자'를 숨기거나 비인적이 아닌 인적 제시와 접촉이 횡행하고 있었다. 더욱 심각하게는 빠르게 보급되는 인터넷은 쌍방에 의한 비선형(non-linear) 소통 구조를 일반화하기 시작한 것이다. 이처럼 광고 분야만 하더라도 사회적으로 놓인 환경(context)으로의 시장(market)과 메시지를 전달하는 수단(container)으로서의 미디어(media), 그리고 이를 담고 표현하는 내용(content)으로서의 메시지(message)가 총체적으로 변화하고 있었던 것이다.

따라서 이에 관한 새로운 논의를 위해서는 낱낱의 용어나 개념에 관한 조작적 재정의의 문제가 아니라 광고(크게는 여타 학문)가 놓인 배경에 대한 근본적인 재고에서부터 비롯되어야 한다. 이 책에서는 이를 4차 산업 혁명 이전까지의 근대 과학을 지탱해 온 기계론적 유물론 혹은 요소 환원주의(이를 단순계라 지칭)를 극복하고 그 대안으로 전체주의적 시각인 복잡 적응계(Complexity Adaptive System)의 관점에서 논의를 전개하고자 한다.

AI와 학문에 관한 논의

서문에서도 밝혔듯이 이 책의 논의는 AI 시대의 학문하기로 제한한다. 학문에 연류된 사람들은 가르치거나 배우는 혹은 연구하는 입장 정도다. 문제는 이들 구성원의 지식과 경험 습득 격차가 크다는 것이다. 가르치고 배우는 상황은 보통 세대를 따라감으로 한 세대, 30년 정도에 국한하지만 지난 30년은 공교롭게도 아날로그에서 디지털로의 전환기다. 더해서 산업화와 민주화를 마치고 또 다른 시대정신이 필요한 시기다. 여기에 전달과 공유의 심각한 문제가 발생한다. 사회적으로는 산업화와 민주화를 이뤄냈다고 자부하는 세대와 그 후속 세대, 과학적으로는 단순계와 미완의 복잡계라는 근본적인 단절, 여기에 더해 문화, 세대, 이념, 계층, 성별 등등의 괴리가 상종한다. 이들 모두가 AI로 인해 비롯된 건 아니지만 어느 하나도 AI에서 자유롭지 못하다. 여기에 학문의 역할로서의 고민이 자리한다. 따라서 이 책의 얼개는 이들 변인이 각각의 시기와 차원을 달리하는 만큼 일관된 독립 혹은 종속 변수로서의 함수 관계를 상정할 수는 없지만, 가급적 상호 관련된 연관성을 염두에 두고 논의를 전개할 생각이다.

학문의 위상

학문은 세상을 이해하고 해석하는 방법을 개선하려는 것이다. 과학, 역사, 철학, 문학, 예술 등 다양한 분야에서 지식을 쌓고 이해를 깊게 하기 위함이다. 또한, 문제를 해결하고 혁신을 이끌기 위한 도구로서 과학적 방법론, 엔지니어링 기술, 사고력을 통해 새로운 아이디어와 기술을 발전시키려는 것이다. 그 밖에도 학문은 예술, 역사, 언어, 종교 등을 통해 우리 자신과 다른 사람들을 이해하고 연결함으로써 문화와 인간성을 형성하는 데에도 영향을 미치고 나아가 윤리, 정의, 공정성, 환경 문제 등을 탐구하고 해결하는 데 기여함으로써 상호적 책임을 감당한다. AI 시대의 학문이라고 해서 이 범주를 벗어날 수는 없다. 따라서 인공지능의 개입과 도움 혹은 활용으로 여하히 이러한 학문의 역할을 보다 잘 감당해 낼 수 있는가 하는 방향으로 논의가 전개되어야 마땅하다.

이러한 학문의 역할은 나름의 위상과 이를 객관화하는 좌표를 전제한다. 학문에 관여하는 자는 가르치거나 혹은 배우는 입장을 막론하고 좌표를 공유할 수 있어야 한다. 이를테면 개별 용어나 단어 등에 관한 어원과 정의가 그것이다. 인공지능 시대에 우리 학문이 처한 심각한 문제 가운데 하나는 어원과 정의의 취약 내지는 부재를 들 수 있다. 국립국어원에서 편찬, 제공하는 사전에는 우리말샘, 표준국어대사전, 한국어기초사전, 한국수어사전, 한국어-외국어 학습 사전 등이 있다. 하지만 이들이 기존 어휘의 변화나 신규 용어의 등장을 미처 담아내지 못하고 있다. 하루가 멀다고 등장하는 신조어, 신생어는 학문의 확산은커녕 공유조차도 힘들게 한다. 세대 간 분절이 심화되고 있는 것이다.

세계 최고의 언어 발명이라고 일컬어지는 한글이 발

빠르게 외국어, 외래어를 흡수, 반영할 수 있는 체계 수립이 절실하다.

02
동서 학문의 전개

'자기 자신과 타자를 아는 자는 또한 동양과 서양이 분리될 수 없다는 것을 알 것이다'라는 괴테의 말을 인용한 저자는 이어서 '동양은 동양, 서양은 서양이니 땅과 하늘이 신의 위대한 심판대에 설 때까지 두 세계는 결코 만날 수 없을 것이다'라는 키플링의 말을 들어 서양(인)들의 동양(인)들에 대한 양가적 감정을 드러낸다. 어느 쪽이 옳을까? 이는 옳고 그름이 아니라 다름을 보는 시각차이다. 동서 교류가 시작된 근세 이후 서양이 우위에 선(것처럼 보이는) 까닭은 학문적 차이에 기인한다.

지정학적 요인

소와 닭 그리고 풀, 세 가지 그림을 보여 주고 이 중에 소와 가장 밀접한 것은 무엇이냐고 물으면 한, 중, 일 학생들은 여지없이 소와 풀을 미국 학생들은 소와 닭을 지명한다. 『생각의 지도(Geography of Thought)』(2004)에서 저자인 리처드 니스벳(Richard Nisbett) 미시간대학교 교수는 이를 동서양의 지정학적 차이 때문이라고 설명한다. 해양 문화 중심인 서양은 외부를 지향하고 중국을 위시한 동양의 농경 문화는 중앙에 집중한다는 것이다. 이에 따라서 서양은 범주적 사고(Category Thinking)가, 동양은 관계적 사고(Relationship Thinking)가 발달했다는 주장이다.

통상 서양 학문은 소크라테스, 플라톤, 아리스토텔레스에, 동양 학문은 공자, 맹자, 순자 등에 그 기원을 두고 있다. 동서양을 막론하고 공히 기원전 6세기경에 비롯됐으며 이는 카를 야스퍼스(Karl Jaspers)가 말하는 기원 6세기에서 2세기에 이르는 '축의 시대(Axial Age)'에 포함된다.

그리스 철학에서 출발한 서양 학문은 진리 탐구와 논리적 분석을 중시하는 데 반해 동양 학문은 보다 전체론적이고 통합적인 접근 방식을 취한다. 한쪽은 인간의 이성과 논리를 통해 사계의 본질을 이해하려 하고 다른 한편은 인간과 자연의 조화 내지는 인간 내면의 수양과 깨달음에 치중한다. 서양이 학문의 진리를 규명하고 증명하는 데 중점을 둔 반면, 동양은 이미 주어진 진리를 받아들이고 그것과 조화를 이루는 데 집중한다. 비슷한 시기에 출발한 학문이 지향하는 바가 한쪽은 세상 밖을, 다른 한쪽은 인간과 그 내면에 주목한 게 단지 지정학적 이유 때문이라기엔 다소 미심쩍다.

연구년으로 하와이대학교에 머무는 동안 현지에 거주하는 일본인과 한국인을 대상으로 상호 상대방 국가에 대한 인식 조사를 한 바 있다. 연구 결과는 만족스럽지 못했다. 이에 앞서 선행 연구를 한일 PR 관련 포럼에서 발표한 바 있다. 역사, 특히 근대사에 관한 상충되는 이해가 주원인으로 도출되었다. 그러나 하와이에서 조사한 바로는 상대방 국가의 역사에 대한 이해와 관심이 변별도를 드러내지 못할 수준으로 저조했다. 한국인은 이민 2~3세대로 그나마 한글을 어느 정도 이해했지만, 일본의 경우 5~6 세대가 넘어가 일본어 문장 자체에 대한 판독이 불가한 수준이었다. (뉘앙스를 고려, 설문지는 영어와 일어, 영어와 한글로 작성함) 당연히 양국의 조사 대상에게 한일 관계는 관심 밖의 일이었다. 지정학적으로 인접 국가가 아니기 때문이다.

문화 구성 요소

학문을 단순화하면 경험과 지식을 집적화하여 당대와 후손의 안녕과 번영을 기하기 위한 노력이라고 할 수 있다. 진화론적 관점에서 보면 동식물도 예외는 아니다. 단지 인지 능력의 산출인가 본능적 결과인가의 차이가 존재한다. 따라서 인지는 학문 영역에서 가장 중요한 역량이 아닐 수 없다. 앞서 논의한 지정학적 차이에 따른 범주적 사고와 관계적 사고는 각기 어떻게 다르게 문화를 발전시켰을까?

성실, 근면, 정직, 봉사…. 얼마 전까지만 해도 기업들이 즐겨 쓰던 사시로 학교에서는 교실마다 걸려있는 교훈이나 급훈에 자주 등장하던 추상 명사들이다. 좋은 뜻인데 어찌할 바를 모르겠다. 방법론이 명시되지 않은 것이다.

요즘 국적을 불문하고 젊은이들이 선호하는 기업 사이트를 방문해 보면 여지없이 잘 정돈된 비전(Vision)과 미션(Mission)이 메인 페이지를 장식한다. 매우 구체적이고 미래 지향적이어서 기업 구성원은 물론 기업에 관심을 보이는 취업준비생들조차도 가슴 뛰게 한다.

제대로 된 전략은 세 가지 요건을 갖추어야 한다. 첫째, 달성 가능한 목표 수립(attainable objective)이다. 너무 커서도, 멀어서도 안 된다. 추상적이어서는 더더욱 안 된다. 둘째, 실행 가능한 방법(actionable method)이 있어야 한다. 마지막으로 결과치가 측정 가능(measurable result)해야 한다. 그래야 방법과 목표를 점검해 볼 수 있기 때문이다. 하지만 아직도 적지 않은 국내 굴지 기업들의 비전 선포식조차 뜬구름 잡기식이다. 이는 앞서의 범주나 관계적 사고와 무관하지 않다.

영국이나 네덜란드 등에서 17세기 초에 등장한 동인도 회사 등을 최초의 기업으로 보면 400년 이상의 세월이 흘렀다. 반면 우리의 기업은 이병철의 삼성물산이나 두산의 전신인 박승직 상점을 꼽아도 고작 100여 년 전이다. 지정학적 이유로 문화적 토양을 달리하는 기업이라는 사회 제도가 300년의 시차를 두고 이 땅에 생겨났으니 본질적 요소가 상이함은 오히려 당연하다. 이를테면 IMF로 인한 구조 조정 이전까지만 해도 국내 대기업의 결재 단계는 사원에서 회장에 이르기까지 10개가 넘었다. 서양의 그것이 고작해야 4~5단계에 머문 것과는 사뭇 대조적이다. 그사이 미국의 경영학이라는 학문을 배워 온 국내 경영학 교수들의 가르침은 원 저자인 필립 코틀러(Phillip Kotler)나 마이클 해머(Michael Hammer)와 같은 대가들의 이론에 얼마나 충실했을까? 혹은 국내 환경에 맞도록 얼마나 수정했을까?

국내 대기업에 근무하다가 미국에 본사를 둔 다국적 기업으로 옮긴 지 얼마 안 돼서의 일이다. 아침 출근길에 여직원이 무거운 판촉물을 들어 나르기에 잠시 도와줬다. 이 광경을 본 미국인 사장이 불러서 왜 남의 일에 끼어드느냐는 지적을 한다. 당혹스럽다. 그 여직원이 입사 전에 만나서 축하 식사를 하자고 해 호텔에서 함께 저녁을 한 지 며칠 안 돼서의 일이다. 지극히 개인적인 일이라 일반화할 수는 없겠으나 이 경험은 이후 저자에게 남녀평등과 신사도를 경계 짓는 시금석으로 작용한다.

학문은 지정학적 구분과 문화적 토양을 반영한다. 문제는 교통과 통신 나아가 인터넷으로 대표되는 4차 산업혁명 시대를 사는 오늘 지정학적 혹은 문화적 구분은 그 경계를 잃어간다는 점이다. 학문의 글로벌화는 가능한가? 바람직한가? 문제를 야기시키는가? 등의 논의가 대두한다.

지구촌 사회

1988년 마셜 매클루언(Marshall McLuhan)은 저서 『지

구촌(Global Village: Transformation in World Life and Media I the 21st. Century)』(1989)에서 처음으로 '지구촌(Global Village)'이라는 표현을 쓰고 있다. 이후 인터넷(1991)과 스마트폰(2007)에 이어 챗지피티(2023)로 대표되는 인공지능의 일반화는 이를 더욱 가속화시키는 듯 보인다. 그런가 하면 대니 로드릭(Dani Rodrik)은 『글로벌 패러독스(The Globalization Paradox)』(2012)라는 책에서 글로벌화는 경제적으로는 세계 경제를 끌어올리지만 양극화를 심화시키고, 정치적으로는 민주주의가 확산되는 듯하지만 일부 중동 남미, 아프리카 국가들의 독재는 강화되고 있으며, 문화적으로도 유행이 세계를 휩쓰는 듯싶지만 그 이면에는 자국의 관습과 전통을 지키려는 강한 욕구가 내재되어 있다고 지적한다.

앞서 패러다임에 관한 논의에 이어 바람직한 학문의 범주와 방향은 어디를 혹은 무엇을 지향해야 하는가 하는 학문 영역 설정의 과제를 제기한다. 문제는 세계 10위권에 근접한 우리의 경제 수준이나 이를 바탕으로 하는 국력과 위상에 비해 국제 사회가 우리에게 보이는 관심도나 역으로 우리가 해외에 보이는 관심 모두가 상대적으로 매우 낮다는 점이다. 이는 세계적인 미디어들이 한국에 관해 다루는 뉴스의 양이나 국내 미디어들이 보도하는 외신의 빈도를 보아도 쉽게 알 수 있다. 챗지피티가 보유한 데이터의 90% 이상이 영어인 데 비해 한글 데이터는 1.6% 수준이라고 한다. AI 시대의 학문을 위해서는 글로컬라이제이션(Glocalization) 혹은 세방화로 표현되는 국내외 이슈나 관심 혹은 변화 추이를 반영하는 학문적 영역의 외연 확장이 우선적으로 다루어져야 한다.

참고문헌

김일철(2016). PR 전문가들의 국가 관계에 대한 인식연구: 한일 관계를 중심으로 한 주관성 연구. ≪국제 관계 연구≫ 21, 171~219쪽.

김일철·김현오(2017). 하와이 거주 동포들의 한일 관계 인식 유형에 관한 연구. ≪주관성 연구≫ 38, 183~199쪽.

Rodrik, D.(2012). *The Globalization Paradox; Democracy and the Future of the World Economy*. Norton, W. W. & Company Inc.

03
우리 학문의 토양

기계론적 결정론 혹은 환원주의에 기반한 고전 물리학이 한계를 드러낸 지 이미 한 세기가 지나고 있다. 데카르트의 이원론적 철학에 기초한 뉴턴의 자연 과학 이론은 상대성 이론과 양자역학 등으로 해서 포기를 강요당하고 있다. 하지만 인문 사회학은 자연 과학의 이런 패러다임 전환을 강 건너 불 보듯 하고 있다. 본디 동양 학문이 갖는 전체론적이고 통합적인 시각으로는 자연스러운 회기인 까닭이다. 문제는 총론적으로는 옳더라도 각론적으로 허술하다는 것이다.

학문의 영역

동서양 학문의 비교를 바탕으로 우리 학문을 정제하기 위해서는 좀 더 논의를 이어갈 필요가 있다. 학문의 동서 구분을 전제로 우리 학문을 논한다면 우선 지리적 격차를 전제할 수밖에 없다. 이는 『생각의 지도』(리차드 니스벳, 2004)를 포함, 다수의 인류학 논문이나 인공지능과의 대화를 통해서도 확인되고 있다. 지리적, 철학적, 사회적, 문화적 등 다양한 요인을 파고들면 결국엔 지정학적 원인으로 귀결됨을 알 수 있다. 포괄적으로 우리 학문은 동양에 속하고 서양과 대비된다. 'AI'와 '학문'을 논할 경우도 단순한 대비를 위해 정제하면 '기계'와 '인간'이다. 요약하면 동양과 서양, 기계와 인간의 4분면 분할이 가능하다. 인공지능이 출현하기 이전까지 인간이 발명한 모든 도구는 손발의 노동력을 대신하거나 좀 더 효율화하기 위한 수단의 대체였다. 인공지능은 두뇌의 노동을 대신(연산)하거나 효율화(추론)의 영역이 육체노동에서 정신 노동 곧 인지 영역으로 확장된다. 그리고 그 방법은 철저히 디지털 연산에 의한다. 이 점이 'AI와 학문'을 논하는 데 있어 동양과 서양 그리고 기계와 인간이라는 4개의 변인을 개별 혹은 교차 비교, 검토 내지는 논의해야 하는 까닭이다. 플라톤의 이데아와 현상 세계 혹은 아리스토텔레스의 물질과 형상 구분 등은 서양 철학을 이원론적 사고 위에 고착시킨다. 종교적으로 육체와 영혼을 분리하는 기독교 사상 또한 이원론적이다. 데카르트로 대변되는 과학 사상 역시 정신과 물질을 철저히 구분하는 이원론이다. 이에 반해 동양의 그것은 유교의 천인합일이나 불교의 연기법에서 도교의 기(氣) 사상에 이르기까지 일원론적이며 문화적으로도 인간과 자연의 조화를 기본 사상으로 한다. 이렇듯 서양은 태생적으로 디지털 마인드셋(Digital Mindset) 구조다. 우리의 관점에서 인공지능을 학문적으로 대하는, 즉 이해하거나 활용하는 과정에서 이에 관한 철저한 시시비비의 논쟁이 필요하다. 이는 기계와 인간이라는 영역에서 볼 때 인공지능은 확실히 기계라는 인식이 중요하기 때문이다. 우리는 대상을 쉽게 의인화하는 경향이 있다. 이는 영화 〈허(Her)〉(2013)와 같은 극적인 사례가 아니더라도 챗지피티와 대화를 해 본 사람이라면 쉽게 공감할 수 있다. 저자도 이따금 원하는 방향으로 대화가 이루어지지 않을 때 인공지능에게 짜증을 부리거나 장시간 대화 후 수고했다는 표현, 그 즉시 돌아오는 겸양의 인사말 등을 보면 일시적으로 상대에게 인격을 부여하고 싶은 욕망에 빠지곤 한다. 하지만 컴퓨터를 끄고 나면 혼자 실소를 한다. 요약하면, 인공지능에 대한 학문적 논의에 앞서 인공지능 그 자체를 서구식 이분법적 논리 구조를 갖춘 기계로 인식하는 게 중요하다. 여기에 추가해서 고려해야 할 요소가 두 가지 더 있는데 하나는 언어요, 다른 하나는 질문이다. 알다시피 인공지능은 콘텐츠의 집합체다. 선사 시대 이래 인류가 생산한 모든 텍스트를 저장하고 이를 사용자의 주문에 따라 적절히 결합, 반응한다. 듣기로는 챗지피티가 보유한 데이터의 90% 이상이 영어 콘텐츠라고 한다. 다양한 언어 번역 프로그램이 등장했어도 번역은 한 다리 건너서다. 이 과정에서 앞서 논의한 지리적, 철학적, 종교적, 문화적 매개 변인이 작용한다. 원어민과는 논리와 사고 구조가 다르다는 얘기다. 영어를 제2외국어로 하는 우리로서는 간과할 수 없는, 그렇기에 반드시 고려해야 할 매개 변수라고 할 수 있다. 다른 하나는 질문이다. 서두에서 밝혔듯이 학문의 어원적 의미는 '질문을 배우기'이다. 그런데 우리 문화는 이를 철저히 금기시해 왔다. 침묵은 금이요 웅변은 은이라든지, 모난 돌이 정 맞는다, 심지어 가만히 있으면 중간이라도 간다는 등 우리는 아주 오랫동안 어려서부터 질문을 봉쇄당한 채 살아왔다. 여기서 '우리'는 동양 문화권 중에서도 한국을 의미한다. 굳이 구분하는 이유는 동양 문화의 본산이랄 수 있는 중국에서는 보기 드문 현상이기 때문이다. 초빙과 교환 교수로 두 차례 중국 대학 교단에 설 기회가 있었다. 수업을 마칠 즈음 질문할 사람을 묻기가 조심스러울 정도였다. 거의 전부다시피 손을 든다. 왜 이렇게 다를까? 멀게는 공자 시대로부터의 유교문화는 주자 이후, 즉 조선에 전래되어 성리학이란 이름으로 오백 년의 강력한 왕권 중심 권위주의의 통치 이념으로 변질된 신 유교와는 다르기 때문이다. 그리고 가깝게는 마오쩌둥의 문화 대혁명을 거치면서 발언하지 않으면 생존을 위협받던 시기를 거쳤기 때문이다.

학문의 단계

학문 앞에 '우리'라는 수식어를 붙일 때 그 '우리'란 어떤 한계 혹은 시기 설정이 적절할까? 조동일 교수(2002)는 학문의 발전 단계를 네 가지로 구분해서 설명하고 있다. 수입학, 시비학, 자립학 그리고 창조학이다. 수입학은 외국의 학문을 그대로 받아들여 국내에 새로운 아이디어나 지식을 여과 없이 소개하는 수준이다. 시비학은 이에 대한 시시비비, 곧 비판과 논쟁을 통해 단순한 수용을 넘어 적용과 수용 가능성을 가늠하는 단계다. 자립학은 본질을 해치지 않은 채 한국적 특성을 반영하려는 자세

이며 창조학은 본래적 성격의 수입학을 뛰어넘어 나름의 학문적 독창성에 이르는 경지다.

지금 우리의 학문은 어디에 와 있는가? 자연 과학은 차치하고라도 환경을 달리하는 사회학, 근본적 인성의 차이에서 비롯되는 인문학의 경우, 근대에 들어 서구에서 수입한 사회학과 고구려 때 들여온 유교 내지는 조선초 주자학에 뿌리를 둔 인문학은 어느 정도나 시시비비를 거쳐, 과연 자립 단계에 와 있는가? 인공지능이 주도하는 4차 산업 혁명 시대에는 무엇보다도 창의력이 중시되고 있다. 그러나 우리의 학문은 분야별 차이는 있겠으나 자립학은커녕 제대로 된 시비학 수준에조차 이르지 못하고 있는 상태가 아닐까 싶다.

한때 한국적 민주주의라는 구호가 횡행한 적이 있다. 유신 독재를 미화하기 위한 표현이다. 민주주의가 왜곡됐을 뿐이지 한국적이라는 수식어에는 별문제가 없어 보인다. 같은 이유로 해서 수입학이 시시비비 과정을 거쳐 자립학으로 자리매김한다는 게 무슨 의미일까? 그게 가능한 작업일까? 역으로 학문을 수출하는 입장에서 보면 자신들의 학문이 타국에서 변질되는 과정이 어떻게 비칠까?

저자가 볼 때 시비학은 점검학이요 자립학은 창조학

과 무관하지 않다는 생각이다. 4차 산업 혁명 시대에 가장 중요한 경쟁력은 창의성이라는 데 다수가 동의한다. 창의성은 무에서 유를 만들어내는 신의 창조 영역이 아니다. 스티브 잡스는 "창의성은 기존에 존재하는 것들을 새롭게 연결하는 것이다"라고 역설한다. 인공지능 시대에 학문을 논하는 데 있어 이보다 적합한 표현은 없다고 본다. 인간의 지능에 도전하는 인공지능을 여하히 통제 혹은 공존을 모색하느냐가 자연 과학의 기술적 영역은 막론하고 사회 인문학적으로도 AI와 학문을 다루는 논제의 중앙에 놓여야 할 것이다.

역사에는 도약의 단계가 있다. 통신 회로 구축이 저조한 중국은 광 통신 기술의 빠른 성장을 고려, 재래식 전깃줄에 의한 통신망을 자제하고 일거에 무선 통신망으로 건너뛰었다. 지금 인공지능이 몰고 오는 광풍은 어쩌면 우리에게는 그동안 밀렸던 시비학이나 자립학을 일거에 뛰어넘을 수 있는 절호의 기회일지도 모를 일이다.

정서와 지능

인공지능을 대하는 혹은 다루는 데 있어 한국인의 정서는 이를 발명한 서양의 그것과는 사뭇 다른 듯싶다. 어떻게 다르고 또 이 다른 면을 여하히 인공지능에 반영할 수 있을 것인가 하는 점이 인공지능 시대의 학문에서는 중요한 과제가 아닐 수 없다. 이는 바로 정서와 그리고 지능에 직결되기 때문이다. 영화 〈허(Her)〉에서 인공지능 운영 체제인 사만다가 대화한 사용자의 숫자는 8316명, 그중 641명과는 로맨틱한 관계를 맺고 있다고 고백한다. 애정을 느낀 600여 명은 상식적으로는 사만다가 자기 이외에도 많은 사용자와 비슷한 감정을 느끼리라는 것을 쉽게 추정할 수 있다. 이 경우 접속자들은 질투를 느끼고 자신과의 배타적 관계를 요구할 수 있지만 그것이 불가능하거나 의미 없음을 알 수 있다. 이때 자신을 제어할 수 있는 힘은 서양의 객관적, 외향적, 진리 중심의 학문에 기초한 정서일까 혹은 전체적이고 관계론적 사유에 익숙한 동양적 사유 체계일까? 이 문제는 뒤에서 논할 인공지능 시대의 윤리, 도덕 이슈와 무관하지 않다. 마음이 어디에 있을까를 물으면 서양은 주로 뇌를 동양은 심장을 가리킨다. 여기서 인공지능 시대에 우리 학문의 토양을 돌아볼 혹은 들춰낼 수요가 발생한다.

조선의 교육 체계를 확립하고 근대 교육의 기초를 마련하는 데 중요한 역할을 한 것으로 평가되는 양촌 권근이 『입학도설(入學圖說)』(1397) 앞부분에 도식으로 표시한 천인심성합일지도(天人心性合一之圖)를 보면 인체의 머리 부분에는 하늘 천(天)을, 심장 부분에는 마음 심(心)자를 그려 넣은 것을 볼 수 있다. 우리 민족의 정서에 각인된 이러한 사상은 인공지능이 주도하게 될 미래의 학문이나 교육 환경에도 일정 부문 영향을 끼칠 것이 자명하다. 하여 AI 시대의 학문하기에 관한 논의는 우선 외부 자연 환경에 관한 객관적 진리나 사실보다는 정체성이나 혹은 주체성과 같은 개인 내부에서 비롯되는 심성 혹은 정서에서 시작할 필요가 있다.

04
정체성과 주체성

『82년생 김지영』(2016)이 촉발시킨 자기 정체성에 관한 관심과 성찰은 『나는 나답게 살기로 했다』(2021), 『나는 까칠하게 살기로 했다』(2022), 『하마터면 열심히 살 뻔했다』(2024) 등으로 이어지고 있다. 이러한 일련의 정체성에 관한 논의와 관심은 NZ 세대를 중심으로 그동안 대량 생산, 대량 소비를 지향하는 산업사회의 불특정 다수(unknown mass)에 묶여 있던 자신의 존재 가치를 탈대량 사회의 특정화된 개인(identified personnel)으로 회복해 가는 일련의 투쟁 내지는 과정이라고 할 수 있다.

정체성의 회복

2024년 1월 한국을 방문한 『신경 끄기의 기술』(2017)의 저자 마크 맨슨(Mark Manson)은 한국인들이 깊은 우울증을 앓고 있다고 진단하고 그 이유로 자본주의와 유교주의의 단점이 극대화됐기 때문이라고 지적한다. 그 내용인즉 자본주의의 단점인 물질과 돈에 대한 집착으로 장점인 자기표현과 개인주의가 무시된 반면, 유교주의의 장점인 가족과 지역 사회와의 친밀감이 하락한 대신 단점인 수치심과 타인에 대한 섣부른 판단은 극대화됐기 때문이라는 분석이다. 불과 마흔 살에 한국을 처음 방문한 작가의 평가치곤 예리한 면이 없지 않다. 그러나 자기표현과 개인주의가 자본주의의 장점일 수 있는가? 이는 앞서 논의한 니스벳의 범주형 사회 대 관계형 사회의 구분과 맞닿아 있다. 곧, 해양 문화를 바탕으로 한 서양이 범주형으로 개인주의가 강한 데 비해, 동양의 관계형은사회는 전체주의에 치우칠 수밖에 없는 노릇이다. 그러므로 자본주의가 서양에서 태동한 것이라면 일견 수긍되는 바가 없지 않다. 유교주의에 대한 비판 또한 수치심이나 타인에 관한 판단을 단점이라고 지적했는데 우리가 아는 한 자기 겸손은 수치심과 구별되며 타인에 대해서도 섣부른 판단을 자제한다. 그런데도 맨슨의 지적이 눈길을 끄는 이유는 특히 국내에서 공전의 히트를 친 그의 책과 무관하지 않기 때문이다. 맨슨이 제시하는 5가지의 가치관은 자기 정체성의 독립 선언이나 다름없다. 출간되자마자 미국과 해외, 특히 한국에서 단숨에 베스트셀러의 반열에 오른 이유 또한 후기 산업 사회 혹은 그 직전(2016)에 클라우스 슈바프가 선언한 4차 산업 혁명 시대가 자기 정체성의 수요를 촉발시켰기 때문이다.

정체성과 주체성

정체성(Identity)은 개인이 자신을 정의하고 이해하는 고유한 특성과 성향으로 일관되게 유지되며 개인이 주변 환경과 상호 작용하면서 형성된다. 정체성은 자아 인식, 사회적 관계, 문화적 배경 등 다양한 요소에 의해 영향을 받으며, 자신이 누구인지를 인식하고 표현하는 방식이다. 이에 반해 주체성(Agency)은 개인이 자신의 행동과 선택을 통해 세상에 영향을 미칠 수 있는 영향력으로 자율성과 독립성을 강조하며, 개인이 목표를 설정하고 이를 달성하기 위해 행동하는 능력이다. 주체성은 개인이 자신의 삶을 주도적으로 끌어나가는 데 중요한 역할을 한다. 둘 다 개인 고유의 특성과 자아 인식을 중시하며 사회적 관계와 상호작용을 통해 형성되고 개인이 사회 속에서 자신의 위치를 찾는 과정에서 중요한 역할을 한다. 반면에 정체성은 누구인지를 이해하는지에, 주체성은 개인이 무엇을 할 수 있는지에 주목한다. 즉, 정체성은 자아 인식의 영역에 주체성은 행동과 선택의 자율성에 무게를 둔다.

대량 생산과 대량 소비를 추구하는 산업 사회에서는 생산성을 높이는 데 정체성이나 주체성을 고려하지 않는다. 아니 오히려 방해 요소로 작용한다. 단지 끊임없이 돌아가는 컨베이어 벨트와 연동된 하나의 부품에 지나지 않았다. 오죽하면 헨리 포드(Henry Ford)는 "내가 필요한 건 노동자의 손발뿐인데 왜 머리는 따라오는 거야?"라고까지 했을까?. 그 해답 역시 그가 1922년 출간한 자서전 『My Life and Work』(2020)에서 말한 "나는 소비자가 원하는 차는 뭐든지 만들 수 있다. 단 그가 까만색 차를 원한다면" 이라는 표현에서 찾을 수 있다. 당시 그가 생산한 검은색 T형 지프차는 1908년 850불에 판매를 시작, 1924년에는 290불까지 낮아졌다. 전 공정을 표준화, 단순화 그리고 전문화시킨 결과다. 이 과정에서 개인의 사고는 장애물에 불과하다. 생산 공정에서뿐만 아니라 소비 과정에서도 마찬가지다. 자기만의 색상이나 외관을 고집할 수 없기 때문이다. 정체성이나 주체성이 자리할 여지가 없던 시절이다.

그러나 컴퓨터의 발명이 주도하기 시작한 후기 산업사회에서 오늘의 4차 산업 혁명에 이르는 동안 불특정 다수를 겨냥한 대량은 점차 특정 소수에서 나아가 개개인을 대상으로 하는 탈대량을 지향한다. 그 결과, 남들과 다르면 안 되던 세상은 이젠 남들과 같으면 안 되는(혹은 못 견디는) 세상으로 변화하고 있다. 기술 발전과 사회 변화 간의 우선 논쟁 반복은 차치하고, 생산 기술이 그것을 가능케 한다. 이에 따라서 빠르게 자기 정체성 회복을 위한 욕구와 노력이 팽배하기 시작한 것이다. 학문 영역도 예외는 아니다.

주체성과 학문하기

자기 주도 학습, 거꾸로 학습, 몬테소리 교육 등등 그동안, 이 땅에 소개된 새로운 교육법은 이루 다 나열하기 힘들 정도다. 이렇듯 차고 넘치는 까닭은 상업성 말고는 어느 것 하나 제대로 된 효과를 발휘하지 못했기 때문이다.

2020년 1월 코로나가 출현하고 2월 초 교육부는 전국 초 · 중 · 고 · 대학교에 비대면 개학과 이에 따른 준비를 지시한다. 교사들 특히 나이 든 교수들에게는 청천벽력이 아닐 수 없다. 평소 컴퓨터나 기기를 다룬 이공계는 그래도 조금 나은 편이다. 인문 사회 계열 교수들은 그야말로 패닉이다. 우여곡절 끝에 개강은 했지만, 한 학기가 어떻게 지나갔는지 모를 지경이다. 저자의 경우는 그나마 다행스럽게 지나갔다. 전공 수업 자료를 텍스트와 음성 그리고 영상 자료로 만들어 두었기 때문이다. 비대면 수업에서 처음으로 거꾸로 학습(Reverse Teaching)을 도입해 보았다. 말 그대로 학생들에게 먼저 예습 거리를 제시하고 다음 시간에 그와 관련된 질의응답과 토론을 진행하는 방식이다. 모든 게 놀랍다. 예습의 정도나, 참여의 열의나 지난 학기의 그 학생들이 아니다. 왜? 비대면이라는 담대함 때문일까? 집에 갇혀 있는 답답함 때문일까? 인터넷과 가상 공간이라는 익숙한 환경 탓일까?

방송 통신 대학교와 EBS 그리고 인터넷 강의으로 이어지는 비대면 학습 과정은 공교육의 강의실이나 교실에서만 일어나지 않았지, 사실은 오랜 시간 다져 온 소통 방식이다. 교회들도 비대면 예배의 통제를 종교적 자유의 제한이라고 문제 삼지만 몇몇 프랜차이즈식 교회가 중앙 담임 목사의 설교를 전국 소속 교인들이 스크린으로 대면한 지 또한 오래다. 결국 아날로그와 디지털 세대

간의 문제다. 여기엔 깊숙이 자리한 권위주의와 헤게모니가 자리한다.

코로나19의 교훈

3년 가까이 단절과 고립이라는 거리두기를 하는 동안 코로나19라는 팬데믹이 우리에게 남긴 교훈은 무엇일까? 첫째로는 자기 성찰의 시간이다. 전 세계가 숨이 찰 정도로 바삐 움직이고 있다가 일순간에 멈춰 버렸다. 코로나를 전후한 세계 유동 인구와 항공기 이착륙 횟수를 보면 쉽게 알 수 있다. 코로나 기간 중 올려다본 하늘은 1960년대 초등학교 시절을 연상케 한다. 어쩌면 지구 수용의 최대 용량은 40억 정도의 인구가 아닐까 싶다. 1974년에 세계 인구는 40억 명을 넘어섰다. 이 기간 동안 많은 사람이 자숙과 자성의 시간을 가졌다. 특히 우리나라와 같이 경제 개발을 위해 70년을 전속력으로 달려 온 입장에서는 가쁜 숨을 고르고 좌우를 돌아보는 계기가 됐다. 어쩌면 탈대량화로 인한 자기 정체성에 대한 회귀는 이때부터 비롯됐지 싶다.

둘째로 사회적으로는 권위주의에 대한 자각이다. 노사 임금 협상에서 교사와 학생, 종교 지도자와 신도들 사이의 수직적 구조에 금이 가기 시작한 것이다. 물리적으로 대면하는 공간에선 단상이나 탁자처럼 위상이 높다든지 책상이나 의자가 크고 좋다든지 혹은 복장이나 장식이 다르다든지 한쪽은 앉아 있고 다른 한쪽은 맞은 편에 서 있다든지 등등의 이유로 묵시적인 서열화를 강요당한다. 비대면은 이러한 위계질서를 일순에 무력화시킨다. 비대면 수업의 경우 내가 있는 공간을 감추거나 자신을 드러내지 않을 수도 있다. 물론 비대면 소통의 초기인 만큼 장차 이에 맞는 프로토콜이 자리를 잡아 가겠지만, 그릇된 유교주의의 후유증이던 권위주의에 손상이 간 것만은 틀림없는 사실이다. 끝으로 세 번째 국가적 차원에서는 목표와 방향에 관한 재고가 일어났다. 70년을 오직 선진국이라는 한 곳에만 눈을 두고 달려왔는데 코로나가 발생하고 정작 선진국들이 보여 주는 작태는 막연했던 핑크빛 환상에 대한 경종을 울렸다. 그까짓 마스크 하나 제때 제작, 공급하지 못한다든지, 환자 파악이나 대응이 늦어 사망자가 속출하는 등의 뉴스를 접할 때마다 우리가 갖고 있던 선진국에 대한 환상은 여지없이 무너지곤 한다. 코로나19를 벗어난 오늘날 이러한 교훈들이 과연 얼마나 쓸모 있는 변화를 추동시키느냐 하는 논의는 별개로 하더라도 자기 정체성이나 주체성에 대한 자각의 계기가 됐음은 분명하다.

이상과 같은 변화와 논의는 비로소 정체성 혹은 주체성으로 무장한 구성원들, 즉 송신자와 수신자를 막론한 학문 주체를 인공지능과 연계시켜 생각할 수 있는 구도를 설정한다. 문제는 인공지능의 개입이 학문 주체 설정에 중대한 영향을 미치게 될 것이라는 점이다. "인공지능(AI)의 발전을 꾸준히 지켜본 결과 AI가 사람을 대체하지 않지만, AI를 활용하는 사람은 그렇지 못한 사람을 대체할 가능성은 크다"고 김덕진 소장(IT 커뮤니테이션즈)은 분석한다. 이 경우 대체당한 사람은 학문의 구성원에서 어떻게 자리매김할 수 있을까?

참고문헌

조동일(2002). 『세계문학사의 전개』. 지식산업사.

05
전환 시대의 논리

반세기 전 리영희는 『전환시대의 논리』라는 책에서 중국의 부상과 베트남 전쟁 그리고 일본의 재등장 등 한반도를 둘러싼 국제 정세를 새로운 시각으로 바라볼 것을 역설했다. 세상이 바뀌면 그 시대에 맞는 논리가 필요하다. 변화를 위한 전환은 저항이 불가피하다. 저항의 핵심은 과거의 지식과 경험이다. 문제는 인공지능이 주도할 미래는 짧게는 산업 혁명 이후의 200년, 멀게는 농업 혁명으로부터 이어져 온 1만 년의 지적 자산을 무력화시킬지도 모른다는 두려움이다. 전환 시대의 논리가 필요하다. 이는 학문의 역할이다.

유전과 학습

유발 하라리(Yuval Harari)는 『사피엔스』(2023)에서 약 7만 년 전 우리의 조상이 언어와 사고 능력을 획득하면서 이후 복잡한 사회구조와 협력 체계를 발전시킬 수 있게 되었다고 주장한다. 하지만 무엇이 어떤 계기로 유인원에서 갈라진 인간만이 언어와 사고라는 아주 특별한 재능을 갖게 되었는지에 대한 설명은 미흡하다. 다니엘 밀로(Daniel Milo)는 『미래중독자』(2017)에서 이웃 동굴에 놀러 온 원시인이 저녁 늦게 자기 동굴로 돌아가면서 "내일 보자"라는 인사를 건넨 것을 계기로 인류가 시간의 흐름을 인식하고 미래를 계획하는 내일이라는 사고를 갖게 되었다고 적고 있다.

두 작가 모두 만물의 영장이라는 인간이 그 지위에 걸맞은 자질인 인지나 언어 혹은 미래 예측과 같은 특별한 능력을 갖추게 된 원인이나 배경 설명치고는 지나치게 허술해 보인다. 어쩌면 발생학이라는 진화 생물학의 한계일지도 모른다.

유전과 학습(Nature&Nurture)으로 요약되는 인류의 진화는 호모 사피엔스 이후 학문이라는 영역으로 후자를 포괄한다. 이를 돌연변이와 학습 활동으로 대비해 보면, 전자는 생물학적 진화의 핵심 메커니즘으로 환경에 적응해 가는 데 비해 후자 곧 인간 학습은 개인과 사회가 변화하는 환경에 적응하는 데 필수적인 노력이라고 할 수 있다. 양측이 모두 생존을 넘어 번성 혹은 생활을 지향하는 것이다. 그리고 그러한 노력이 빛을 발하는 시기를 각각 (자연) 환경 변화와 전환 시대로 대비할 수 있다. 팬데믹과 4차 산업 혁명으로 대표되는 작금의 인류세(人類世, Anthropocene)는 전환 시대로 규정할 수 있으며 그에 맞는 학문적 성찰을 요구한다.

전환 시대와 학문

전환 시대는 토머스 쿤(Thomas Kuhn)이 말하는 패러다임 전화(Paradigm Shift) 혹은 그에 준하는 격변기다. 이 시기는 기존의 학설과 그 한계점을 노정하는, 아직은 완성되지 않은 혹은 공인되지 못한 이론들이 공존한다. 광고나 PR로 대표되는 마케팅 커뮤니케이션, 축약해서 '마콤'이라 불리는 분야를 예로 논하면 다음과 같다. 마콤은 용어가 함의하듯 마케팅이라는 경영 활동과 커뮤니케이션이라는 소통 활동의 합성어다. 마케팅은 통상 4P라고 해서 상품, 유통, 가격, 판촉에 기반한다. 문제는 4P 이론이 다분히 산업 사회의 대량 생산과 대량 소비를 기반으로 한다는 사실이다. 이 시기는 양차 대전을 거치고 산업

화가 완성되던 때다. 넘치는 수요를 공급이 미처 좇아가지 못하던 판매자 시장(Seller's market)을 배경으로 출현한 이론이다. 곧, 생산이나 가격 유통, 판촉 등을 어떻게 하면 공급이 수요를 따라갈 수 있는가 하는 고민이 마케팅의 시작이었다. 하지만 수십 년을 지나면서 상황은 완전히 소비자 시장(Buyer's market)으로 전환된다. 나아가 다품종 소량 생산이라는 탈대량화가 가속화하기 시작한 것이다. 더 이상 고전적인 마케팅 이론이나 개념이 적합하지 못한 지경에 봉착한다. 두 번의 세계 대전을 치르면서 눈부시게 발전한 커뮤니케이션 이론도 한계에 다다르기는 마찬가지다. 주지하듯 초기의 커뮤니케이션 이론은 대중 매체를 기반으로 하는 매스 미디어(Mass media) 이론이 주류였다. 인터넷은커녕 텔레비전조차 보급되기 이전을 그 시대 배경으로 한다. 마콤 종사자들은 연구자가 됐건 교수자가 됐건 기존 이론의 한계를 누구보다 잘 알고 있다. 하지만 이를 대체할 새로운 이론과 개념은 부재한다. 매스 미디어 이후 IT가 주도하는 디매스(Demass) 미디어화의 과도기를 지나고 있기 때문이다. 앞서 1장에서 언급했듯 복잡계 학회나 관련 저널 등을 통해 이따금 기존 이론의 한계점을 지적하는 새로운 대안의 모색이 제시되곤 있지만 아직 학계 전반의 주목을 끌지는 못하는 수준이다. 이러한 시기의 학문, 특히 인공지능과 교차되는 상황에서 채용 가능한 실험적 학문 방법론이 필요하다. 그러한 논의가 미처 숙성되기 전임에도 교육부는 2025년부터 '인공지능 교과서 도입'을 발표한다. 우려스러운 일이다.

교학 상장의 학문

인공지능 시대의 학문하기와 관련, 다뤄야 할 의제는 윤리에서 평가에 이르기까지 산적해 있다. 그중 우선으로 올려야 할 두 가지 의제를 꼽으라면 하나는 학문 주체에 관한 것이고 다른 하나는 학문 방법에 관한 것이다.

인공지능 시대에 학문의 주체를 어떻게 설정하고 역할을 분담할 것인가? 줄탁동시(啐啄同時) 혹은 효학반(斅學半) 등으로 표현되는 선생과 학생 혹은 전달자와 전수자 간의 협동 학습 방법은 쌍방 간의 협력 내지는 역할 분담의 의미를 담고 있다. 인공지능이 등장하기 이전부터 이미 전달자로서의 제약이나 한계는 드러나기 시작했다. 새뮤얼 아브스만(Samuel Arbesman)이 『지식의 반감기』(2014)에서 지적했듯이 점차 빨라지는 변화의 속도는 기존 지식의 유효 기간을 급격히 단축시키고 있다. 가르치는 처지에 있는 기성세대의 지식이나 경험이 쓸모없어지거나 시대에 뒤떨어지기 시작한 것이다. 이러한 상황에서 선생의 역할을 어떻게 재설정해야 하는지에 대한 논의가 필요하다. 유교적 권위주의에 익숙한 우리 문화로서는 이런 논의가 자칫 기존 질서(권위)에의 도전으로 비칠 수 있다. 해서 그런 질서에서 우위에 선 기득권자들의 저항이 만만치 않다. 권위주의로부터 권위를 발라내기란 결코 쉽지 않은 일이다. 변화와 생활의 가속화로 약어가 속출하고 존칭이 축약된다. 과도기는 혼란기이기도 하지만 새로운 질서를 위한 기회일 수도 있다. 더욱 심각한 것은 방법론의 문제다. 단순히 IT 기기의 조작을 넘어 문해력 곧 마인드 전반에 걸친 장애 내지는 시각 차이에 대한 조율 작업이 요구된다. 폴 길스터(Paul Gilster)가 『디지털 리터러시』를 출간한 게 1997년(역서는 1999년)의 일이다. 이후 인공지능 리터러시에 이르기까지 다양한 수식어들이 리터러시 앞을 수식하며 사고 변화의 필요성을 역설해 왔다. 하지만 아날로그와 디지털의 세대의 벽을 넘기는 결코 쉬운 일이 아니다, 국민 통합 위원회가 설치되고 운영된 지 오래다. 문화 간, 계층 간, 지역 간 세대 간 융합을 위한 방법의 모색은 주체의 계몽과 함께 AI의 등장을 맞기 위한 최선의 과제라고 할 수 있다.

전환의 범주와 방향

시대 전환은 전방위적이다. 그럼에도 학문적 관점에서 전환의 범주와 방향을 추려서 논의하는 것이 전환 시대의 논리 구축을 위한 첫걸음일 수 있다. 최우선 과제는 데이터 리터러시 교육의 강화다. 학문 주체 구성원 모두에게 데이터 분석 및 AI 활용 능력을 키우기 위한 교육 프로그램이 우선적 과제라고 할 수 있다. 인공지능은 결국 데이터 마인드의 문제라고 할 수 있다. 다음은 다학제적 연구 촉진으로 다양한 학문 분야 간 협력 연구 활성화 및 융합 연구를 장려하는 학문 풍토 조성이 필요하다. 나아가 AI 윤리 교육 도입 곧, AI와 관련된 윤리적 문제를 다루는 교육 과정 및 훈련 프로그램 마련도 늦출 수 없는 과제다. 아울러 투명성과 설명 가능한 연구 강화에 주력하려는 노력이 필요하다. 다음으로는 AI 시스템의 결정 과정을 이해하고 설명할 수 있는 방법의 개발이나 연구, 개인정보 보호 및 보안 강화를 위한 데이터 보호와 개인정보 보안을 위한 정책 및 기술적 방안 마련 등이 포함될 수 있어야 한다.

아울러 책임의 명확화를 위한 AI 시스템의 개발 및 사용 과정에서의 책임 소재를 명확히 규정하기 위한 장치나 규범, AI 모델 학습에 사용되는 데이터의 편향성을 최소화하기 위한 데이터 관리 및 처리 방법 개선이 필요하다. 또, AI 기술이 사회에 미치는 영향을 평가하고, 부정적 영향을 최소화하기 위한 정책 마련이 요구된다. 그 외에도 연구 데이터 공유 플랫폼 구축을 통해서 연구자들이 데이터를 쉽게 공유하고 협력할 수 있는 플랫폼이나 인프라를 개발한다든지, AI 개발 및 활용과 관련된 지속적인 윤리적 논의와 가이드라인을 수립하는 등의 노력이 수반되어야 한다. 대략 이것들이 인간지능에서 인공지능으로 확장하는 전환 시대의 논리 구성을 위한 범주와 방향 설정에 있어 고려 요인들이라 할 수 있겠다.

참고문헌

Arbesman, S.(2013). *The Half-Life of Facts: Why Everything We Know Has an Expiration Date.* Current. 이창희 옮김(2014). 『지식의 반감기』. 책읽는수요일.

Gilster, P.(1998). *Digital literacy.* John Wiley &Sons. 김정래 옮김(1999). 『디지털 리터러시』. 해냄출판사.

Harari, Y.(2015). *Sapiens: A Brief History of Humankind,* Vintage. 조현욱 옮김(2023). 『사피엔스: 유인원에서 사이보그까지, 인간 역사의 대담하고 위대한 질문』. 김영사.

Milo, S.(2011). *L'Invention de Demain.* Les Belles Lettres. 양영란 옮김(2017). 『미래중독자: 멸종 직전의 인류가 떠올린 가장 위험하고 위대한 발명, 내일』. 추수밭.

06
AI의 등장

2016년 WEF 의장 클라우스 슈바프가 4차 산업 혁명을 외칠 때만 해도, 같은 해 바둑왕 이세돌이 알파고에게 4대1로 패할 때만 해도 로봇, 드론, 사물 인터넷 등등은 그저 조금은 신기한 새로운 발명품이겠거니들 했다. 하지만 2023년 말 오픈에이아이가 챗지피티라는 인공지능을 발표하자 세상은 발칵 뒤집혔다. 컴퓨터 랭귀지로만 작동하던 컴퓨터가 자연 언어로 일반인들과 소통하게 되자 더 이상 전문가들만 다루던 특별한 장비가 아닌 가전 제품의 영역으로 훅 들어와 인간 고유의 영역인 학문에 자리하게 된 것이다.

챗지피티 대화

노성열(2020)은 AI의 기술적 특이점이 지식과 학습의 정의를 바꾸는 단계라고 주장하며, 우리가 무엇을 안다고 하거나 배운다고 말할 때 암기, 분석, 종합, 창조의 네 가지 지식 기술을 활용한다고 설명한다. 그는 인공지능이 이미 암기와 분석 단계에서 인간을 앞섰으며 이제는 종합을 넘어 창조의 단계를 위협하고 있다고 주장한다.

이 장에서는 저자가 경험한 두 가지 에피소드를 예로 들어 인공지능을 활용할 때 이러한 지식 기술들이 학문에 어떻게 영향을 미칠 수 있을지 추정해 보고 논의를 이어가 보도록 한다. 이하는 챗지피티 4.0(유료 버전)과의 대화다.

에피소드 1

저자/『웰 아웃팅』의 저자가 누구야?

챗지피티/『웰 아웃팅』은 한국의 심리학자인 윤홍근 박사가 저술한 책입니다. 윤홍근 박사는 건강 심리학과 심리 치료 전문가로서 활동하고 있으며, 대중적인 심리학 관련 프로그램에서 출연하면서도 유명합니다.『웰 아웃팅』은 사람들이 스트레스와 불안 등으로부터 벗어나 행복한 삶을 살기 위한 방법을 다루고 있습니다.

네이버에서 '윤홍식'을 검색하니 통닭 회사 회장, 대학 교수, 겸임 교수 등 몇 사람이 뜬다. 다시 이 이름으로 교보문고를 검색해 본다. 채널 브랜드 전략을 쓴 저자로 나온다. 굳이 연관 짓자면 저자와 전공 분야가 유사한 사람이지만 저자는 아니다.

저자/ 김일철이 쓴 『웰 아웃팅』도 있던데?

챗지피티/ 죄송하지만, 제가 이전에 드린 답변이 부정확하였습니다. 『웰 아웃팅』의 저자는 김일철 교수님입니다. 김일철 교수님은 한국의 정신 의학 전문의로서, 대학교에서 교수로 활동하시면서 다양한 책들을 저술하였습니다. 『웰 아웃팅』은 김일철 교수님이 집필한 책 중 하나로, 심리 치료를 통해 스트레스와 우울 등으로부터 벗어나 행복한 삶을 찾는 방법을 다루고 있습니다.

내가 저자임을 밝히고 이름을 대니 이번엔 정신 의학 전문의란다. 다시 검색해 본다. 없다. 이번엔 예스24를 검색한다. 역시 『웰 아웃팅』의 저자는 나뿐이다. 어찌할 것인가?

저자/ 내가 아는『웰 아웃팅』의 저자 김일철은 정신 의학 전문의가 아니고 광고홍보학과 교순데, 누가 틀린 거지?
챗지피티/저의 이전 답변이 부정확했던 점 사과드립니다.『웰 아웃팅』의 저자는 김일철 교수님이 아니라, 원준식이라는 필명으로 활동하는 작가입니다. 원준식은 광고, 마케팅 분야에서 활동하며,『웰아웃팅』은 그의 저술입니다. 이 책은 일상에서 힐링을 찾는 방법을 다루고 있습니다. 다시 한번, 이전에 드린 부정확한 답변으로 인해 불편을 드려 죄송합니다.

이번엔 원준식이라는 전혀 새로운 이름을 댄다. 교보나 예스24에는 그런 저자가 안 보인다.

저자/ 헐… 내가『웰 아웃팅』을 쓴 저자고 나는 동의대학교 광고홍보학과에서 교수로 재직할 당시인 2018년에 이 책을 썼는데 왜 자꾸만 다른 사람의 이름을 대지?
챗지피티/ 저의 이전 답변이 부정확했던 점 다시 한번 사과드립니다. 김일철 교수님이 원저자인『웰 아웃팅』과 다른 책이 혼동된 것으로 보입니다.『웰 아웃팅』의 저자는 김일철 교수님이 맞습니다.『웰 아웃팅』은 2018년에 출판된 김일철 교수님의 책으로, 일상에서 스트레스를 해소하고 심리적 안녕감을 찾는 방법을 다루고 있습니다. 이전에 드린 부정확한 답변으로 인해 혼란스러우셨을 것으로 생각됩니다.

내가 저자이고 근무처가 어디며 언제 발행했는지를 대고 나서야 저자가 나라고 동의한다…. 특별한 사례인가? 앞서 나온 세 사람의 정보는 내가 『웰 아웃팅』의 저자라는 사실을 모르는 사람들에게는 너무도 그럴듯한 답변이다.

에피소드 2

저자의 전공은 통합적 마케팅 커뮤니케이션으로 영어로는 Integrated Marketing Communication(이하 줄여서 IMC)이다. 지나치게 분화된 마콤의 수단들로 인한 수용자(소비자) 혼란을 줄이기 위해 메시지의 통합을 시도하면서 생겨난 용어다. 학위 논문을 계기로 IMC 연구를 지속해 오는 동안 진정한 통합은 전달자와 수용자 간의 메시지에 의한 의미 공유를 넘어 가치가 일치하는 상태에 이른 것이 아닐까 하는 데까지 미쳤다. 이는 전술한 복잡계 관점에서의 발상이다. 이를테면 복잡계의 명제 가운데 "부분의 합은 전체에 미치지 못한다(The sum of parts is less than the whole)"가 있다. 이 경우 부족한 부분

(missing parts)은 물리적 조각이 아니라 지나치게 파편화하면서 유실된 가치의 영역일 것이라는 추정이다. 해서 "인테그리티는 통합의 어원이다(Integrity is the etymology of integration, 여기서 영어 Integrity를 그대로 인테그리티로 적음은 아직 적절하게 통일된 우리말 표현이 없기 때문이다)"라는 주장을 조심스럽게 펼치기 시작했다. IMC의 창시자 중 한 사람인 돈 에드워드 슐츠(Don E. Schultz) 교수의 의견은 언어학적으로는 틀렸지만, 동양적 관점에서는 충분히 의미 있는 관점(슐츠 교수는 홍콩, 일본, 중국 등의 대학교에 초빙 교수로 적을 두고 있으며 아시아 문화를 깊이 이해하고 있다)이라고 동의한다.

이하는 챗지피티와 영어로 나눈 대화를 요약, 정리한 것이다.

나는 'Integrity'가 'Integration'의 어원일 수 있다고 생각하는 데 자네 의견은 어때?

첫 번째 반응은, "단순히 어근(Integ)이 유사하다는 이유로 어원을 논하기에는 무리가 있다"는 대답이다. 이어서 인테그리티가 '빠짐없이 완벽한' 혹은 '온전한' 상태를 말한다면 통합(integration)이 전제되어야 하는 것 아니냐는 추가 질문에 "개념적(conceptually)으로 그럴 수 있다"고 동의한다. 그렇다면 한국어에는 없는 인테그리티를 어떻게 번역할 수 있겠느냐는 여러 차례의 문답 끝에 "'참직함'(Chamjikham): Combining '참' (genuine) with '직함' (nature), this word conveys the idea of having a genuine and authentic nature."라는 표현을 내놓는다. 다시 이 단어가 나오게 된 과정을 추궁하니 생성(generation)해 낸 것이란다. 생성이 창조(creation)와 어떻게 다른지반복되는 논의 끝에 "'생성'은 챗지피티와 같은 생성 모델의 출력물처럼 프로세스나 알고리즘을 통해 무언가가 생성될 때 사용됩니다. '창작'은 인간 창작자의 독창적이고 상상력이 필요한 입력이 포함된 예술적 또는 창의적 맥락에서 사용됩니다('생성' (saengseong) is used when something is produced through a process or algorithm, such as the output of a generative model like ChatGPT. '창작' (changjak) is used in artistic or creative contexts where the creation involves original and imaginative input from a human creator)"라고 응답한다. 애매하다. 단도직입적으로 다시 묻는다. "Integrity를 우리말 사전에 없는 '참직함'이라고 만들어 낸 자네의 활동은 생성과 창조 중 어느 쪽이고 왜 그래?" 돌아온 대답은 이렇다. "저의 활동은 '창작'에 해당합니다. 그 이유는 다음과 같습니

다:

창의성 중심: '참직함'이라는 단어를 만드는 과정에서 기존의 단어 요소들을 창의적으로 결합하여 새로운 단어를 만들어냈습니다. 이는 단순히 알고리즘이나 프로세스에 의존한 것이 아니라, 창의적인 사고와 상상력을 활용한 결과입니다.

인간의 개입: 이 새로운 단어를 창작하는 과정에서 제 자신의 직관과 언어적 감각이 개입되었습니다. 이는 기계적인 생성 과정과는 달리, 창작자의 개성과 독창성이 반영된 결과물입니다."

따라서, '참직함'이라는 단어를 만들어낸 활동은 자동화된 프로세스를 통한 '생성'이 아니라, 창의적이고 상상력에 기반한 '창작'입니다"라는 것이다. 여기서 시선을 끄는 것은 인간의 개입 곧, 인간의 관점에서 볼 때 직관과 언어적 개입을 동원했다는 점이다. '인간의 관점' 혹은 '직관적인 언어적 개입' 등에 관한 챗지피티의 반응이 AI와 학문을 고민할 교집합일 듯싶다.

이상의 두 가지 에피소드가 시사하듯 인공지능의 학문 영역 진입은 혼란 이상의 새 질서를 요구한다.

인공지능 리터러시

챗지피티4.o에게 'AI의 출현이 학문 세계에 가져올 10가지 주요 변화'를 물어봤다.

1) 연구 효율의 향상, 2) 개인화된 학습, 3) 데이터 기반의 의사 결정, 4) 자동화된 평가 시스템, 5) 협업의 촉진, 6) 새로운 연구 분야의 창출, 7) 교육 접근성 향상, 8) 비판적 사고와 문제 해결 능력 강화, 9) 정확한 예측과 시뮬레이션, 10) 윤리적 문제와 새로운 도전 등의 대답이 돌아왔다.

이를 다각적으로 분석해 볼 요량으로 AI가 가져올 10가지 변화를 '선생에게 혹은 학생에게'라는 조건을 들어 문의하니 각각 1) 업무 효율성 향상, 2) 개인화된 교육 제공, 3) 수업 준비의 혁신, 4) 실시간 피드백 평가, 5) 개별화된 수업, 6) 교육 자료의 접근성 증가, 7) 학생 참여도 증대, 8) 교수-학생 관계의 변화, 9) 지속적인 전문성 개발, 10) 윤리적 고민과 도전, 그리고 1) 개인화된 학습 경험, 2) 즉각적인 피드백 제공, 3) 더 나은 접근성, 4) 학습 동기 부여, 5) 효율적인 시간 관리, 6) 맞춤형 학습 자료 추천, 7) 학습 격차 해소, 8) 비판적 사고와 문제 해결 능력 강화, 9) 협업과 소통 촉진, 10) 평생 학습 지원 등의 반응이 돌아왔다.

AI와 학문을 위한 인공지능 리터러시는 이를 다시 AI의 출현이 가져올 학문과 구성원들에 대한 역기능에 대해 추적하고 이들 간의 일치 혹은 배치되는 문항과 응답의 원인을 규명해 가는 절차를 밟아갈 수 있는 능력 개발과 훈련을 쌓아가는 과정이라고 할 수 있겠다. 개요서인 만큼 이 책에서는 이런 과정과 작업을 생략하기로 한다. 이를 굳이 기존의 디지털 리터러시와 차별화시켜 명명한다면 AI(혹은 인공지능) 리터러시쯤 되지 않을까 싶다.

한 가지 극단적인 예가 학생들의 언어 번역기에 대한 기대와 반응이다. 적지 않은 학생들이 언어적 문제로 고민한다. 이는 영어가 지배적인 국제 사회에서 비단 학생들만의 문제는 아니다. 학생들이 묻는다. "교수님, 인공지능의 외국어 번역 능력이 탁월한데 이제 더 이상 영어나 기타 외국어를 공부하는 데 시간을 허비하지 않아도 되는 거 아닙니까?" 그때마다 내 대답도 같다 "자네, 직장에서 상사가 외국어를 번역해 오라고 시키면 인공지능 번역기에 돌려서 그대로 갖다 줄 텐가?" 사회생활의 경험이 없는 만큼 내 경험을 보태서 설명을 이어간다. 당시는 인공지능이 부재하던 시절이라, 사전을 뒤져 가며 열심히 번역해도 이것이 맞는 해석인지 확신이 설 때까지 선배나 동료에게 묻는 등 다양한 시도를 곁들인 후에야 보고서를 제출한다. "해서 상사가 틀렸다고 하면 자네 잘못이 아니라 인공지능의 핑계를 댈 건가?" 탁월한 인공지능의 번역 기술은 우리에게 이를 감리할 수 있는 더 높은 수준을 요구하는지도 모를 일이다. 결국 노동과 자본을 넘어 지능의 양극화가 예견된다. 소프트뱅크의 손정의 회장은 이를 두고 "AI를 아는 사람과 모르는 사람의 차이는 사람과 원숭이 차이만큼 벌어질 것"이라고 표현한 바 있다.

참고문헌

노성열(2020). 『AI시대, 내 일의 내일』. 동아시아.

07
옳음과 정상

주관적이지만 부당하다 싶은 상황에 처할 때마다 '나는 옳은가?'라는 질문을 스스로에게 던지곤 했다. 그 물음이 어느새 '나는 정상인가?'로 바뀐다. 그리고 고개를 들어보니 뉴노멀이 노멀인 세상이라는 괴이한 명제가 세간을 횡행한다. 인간은 옳고 그름 혹은 정상과 비정상을 가늠하고 다투는 유일한 생명체다. 온갖 교육을 내포하는 학문의 궁극적 지향점은 인간답기 위함이다. 인공지능 시대에 유독 윤리와 도덕 혹은 공정과 정의가 끊임없이 회자되는 이유이기도 하다. 이렇듯 뉴노멀이 노멀화 하는 상황에서 학문의 좌표는 이를 여하히 수용할 수 있을 것인가?

윤리와 영리

학계나 업계를 막론하고 인공지능에 관한 논의가 펼쳐지는 곳마다 빠지지 않고 등장하는 주제가 윤리 문제다. 긍정적이든 부정적이든 우리의 삶에 깊숙이 영향을 미치는 까닭이다. 세부적으로는 옳고 그름과 정상, 비정상을 포괄하는 공정성, 책임, 신뢰성에서 인간의 존엄성과 자율에 이르기까지 실로 광범위하다. 우리의 일상에 전방위적인 영향을 미친다고 할 수 있다.

자율 주행 차량의 인명사고가 대표적인 경우다. 긍정론자들은 인공지능에 의한 무인 자동차는 사람이 운전하는 경우보다 사고율이 더 낮다고 주장한다. 그리고 표지판이라든지 신호등 교통 환경이 스마트하게 개선되면 더더욱 안전해질 거라는 전망이다. 하지만 문제는 안전도를 높이더라도 어떻게 알고리즘을 구성할 것인가 혹은 누가 그 결정권을 가질 것인가부터 교통 환경이 완벽하게 디지털화할 때까지의 시차는 어떻게 할 것인가 등에 관한 논의로 이어진다.

스탠퍼드 대학교에서 인공지능의 영향과 윤리에 관해 연구하고 가르치고 있는 제리 카플란(Jerry Kaplan) 교수는 다음과 같은 문제를 제기한다. 자율 주행 차량의 경우만 해도 학식 깊은 사상가들이 수천 년 동안 고민해 온

도덕적인 질문을 단숨에 결정해야 한다. 일차선에서 마주 오는 통학 버스를 피하기 위해 내가 뒤로 물러나도록 고안된 차를 고를 것인가? 새 차를 고를 때 연비를 고려하듯이 차량의 공격성이 주요한 고려 사항이 되진 않을까? 이런 도덕적 문제는 더 이상 철학자들의 사색 거리가 아니라 곧 우리 현실의 법정 문을 두드리게 될 것이다.

『통섭』(2005)을 쓴 에드워드 윌슨(Edward O. Wilson) 같은 학자는 생물이 모든 학문의 근간이라고 주장하지만, 상식적으로는 수학, 물리학, 화학, 생물학과 철학, 예술 등이 보편적 분화 과정이요 분류 체계지 싶다. 크게는 인문과 과학인데 과학적 영역은 인공지능의 개입을 막을 길이 없다. 유사 이래 새로운 과학의 발견과 발명이 인간의 저항으로 폐기되거나 사라진 경우가 없기 때문이다. 불, 쇠, 무기, 다이너마이트, 자동차, 원자력, 유전공학 등이 그러하다. 인문학 또한 방패의 위력은 없지만 적어도 (그것이 제대로 작동하든 못하든) 원리, 원칙과 같은 기준을 마련하는 데 일조한다. 총체적으로 그 토대와 원천이 학문이다.

2015년 미래 생명 연구소(Future of Life Institute)는 수백 명의 인공지능 및 로봇 공학 전문가들이 모여 "자율

무기: AI 및 로봇 공학 연구자들의 공개 서한"을 발표한다. 이후 2023년, 일론 머스크(Elon Musk), 스티브 워즈니악(Steve Wozniak), 그리고 여러 AI 연구자 및 기술 전문가들이 6개월 동안 인공지능 개발을 일시적으로 중단하자는 성명에 이르기까지 인공지능의 신중한 개발에 관한 논의가 있어 왔다. 하지만 일론 머스크 등과 함께 AI의 개발이 인류에게 이익이 되도록 하는 것을 목표로 오픈에이아이라는 비영리 공동 연구소를 설립한 샘 올트먼의 실각과 복귀, 일론 머스크의 탈회 등 일련의 과정이 보여 주듯이 자본주의의 논리는 그 토대와 원천을 마련하는 데 취약하다. 정작 심각한 문제는 전환 시대의 과도기를 지나는 우리의 경우 국가적 차원에서 이런 논제들이 공공의 의제로 자리하지 못하고 있다는 점이다. 학계에서 산발적으로 문제 제기를 하지만 공론화에는 이르지 못하고 있다. 더딘 까닭은 인구 감소에 직면한 대학교의 존립이 시장 논리에 잠식당했기 때문이다.

사라진 문사철

인구 감소 외에도 다양한 요인들이 있겠지만, 대학교들은 극심한 입학 자원 감소의 문제에 직면한 지 오래다. 대책은? 소위 비인기 학과들을 필두로 하는 폐과 수순을

밟는 것이다. 그 결과 인문 대학에서는 영어 등 한두 개 언어를 제외한 어문학부의 폐지에 이어 사학과, 철학과 등이 시의성 있는 몇 차례의 개명에도 견디지 못하고 사라진 지 이미 오래다. 인문학의 핵심이랄 수 있는 소위 '문사철(문학 · 사회학 · 철학)'이 인문 대학에는 부재하는 것이 오늘의 현실이다. 물리학과는 사라졌지만, 취업이 되는 물리치료학과는 성업 중이라는 표현이 마냥 비아냥으로만 들리지 않는 요즘이다. 인공지능의 출현으로 다루어져야 할 산적한 학문적 과제들이 정작 이를 담당하는 학과나 학부가 없어진 것이다.

대안으로는 학과, 학부를 넘어 학제 간 통폐합을 가속화시키는 일이다. 일부 대학교에서 학과를 없애고 학부제를 도입한다거나 1학년 기본, 공통 과목 이수 후 2학년 혹은 3학년에 진학하면서 세부 전공을 결정하는 방식을 도입했지만, 이 또한 입학 자원 확보를 위한 단기적인 전술로 그리 오래가지 못했다. 근자에 들어 고등학교의 문 · 이과 폐지에 이은 대학교들의 단과 대학 단위 모집 및 통합 운영 등이 시도되고 있다. 차제에 인문 사회 계열은 물론 자연계에도 교양 필수로 인공지능에 따른 윤리 과목을 반영해야 할 것이다. 이는 평생 교육의 확산과 함께 정착되고 있는 교양 대학의 편재 및 교과 개설과 연계시키려는 노력이 요구된다.

교양과정과 평생교육

위에서 언급한 폐지 학과들은 '독일의 광고와 미술' 혹은 '프랑스의 영화와 음악'같은 시사적인 명칭을 입고 교양 학부로 몰려든다. 그리고 이렇게 모여든 과목들은 급기야 교양 대학으로 외형을 넓히다가 끝내 단과 대학으로 성장한다.

몇 가지 이유로 이러한 현상을 분석하고 또 종전 문제점 논의에 대한 제안이 가능하다. 담당 교수의 정년 보장이라는 물리적 이유는 차치하고, 문사철이 사라졌다 해도 그 근본 수요마저 거세할 수 없는 현실적 이유가 있다. 더 근본적으로는 살아 있는 기존 학과들조차도 사회 변화에 뒤처지고 있다는 문제점이다. 위에서 광고홍보학 관련 시장과 매체 그리고 메시지 변화를 예로 들었듯이 4차 산업 혁명 시대로의 빠른 이동은 산업 사회 이후 지속된 분화(분업)로 인한 학과 혹은 학제 간 간극을 더할 수 없을 만큼 벌려 놓았다. 교양 과정에 개설된 과목들은 어설프게나마 이 공백을 채워 주는 역할을 감당한다. 멈추지 않는 기술과 사회 변화는 지식 반감기를 더욱 단축시키고, 임시나마 이를 메우는 역할이 교양 대학과 평생 교육원의 몫이다. 대학교들이 생존을 위해 사투를 벌이는 이면에는 교양과 평생 교육에 대한 이러한 수요가 증가하고 있다는 것이 현실이다. 이 지점에 인공지능으로 비롯된 새로운 학문적 수요가 자리할 수 있다. 이는 디지털 리터러시에서 마인드셋에 이르는 디지털 전환과정(Digital Transformation)을 포괄하는 것으로 다음과 같은 교과 내지는 과정 개설이 요구된다.

인공지능 개론과 기계 학습에 관한 AI 기초 및 이론 과목, 데이터 과학 개론이나 빅데이터 분석을 다루는 데이터 과학, 로봇 공학과 AI 응용 및 실습 과목, 윤리와 법, 사회적 문제를 다루는 윤리 과목, AI와 인간의 상호작용 및 방법론, 의료, 금융 등 산업 분야별 과목에서부터 심층적으로는 켑스톤 프로젝트와 같은 연구나 강화 학습 등이 그것들이다.

AI 시대의 학문적 수요

모두에서도 언급했듯이 인공지능에게 학문이건 교육이건 인문 사회와 연관된 앞으로의 문제나 주요 관심사에 관해 질문하면 빠지지 않고 등장하는 것이 윤리, 도덕과 관련된 주제들이다. 성급한 희망으로 비칠 수 있겠지만 인공지능의 출현은 산업 사회의 몰락과 함께 물질주의로 함몰되다시피 한 윤리나 도덕에 관한 회복을 기대할 수 있겠다는 생각이다.

앞서 예시했듯이 현재의 자율 운행 자동차는 기존의 유인 환경에 의존해서 작동한다. 도로 교통 표지판이나 건널목 표시 등은 인간의 시야에 들어온 정보를 보고 들은 다음 반응하게 되어 있다. 이들이 모두 디지털 센서로 작동한다면 상황은 달라진다. 교통 사고율은 지금보다도 현저하게 낮아질 전망이다. 그러나 여기서 다루고자 하는 주제는 그러한 기술적 발전이 아니라 그런 스마트 혹은 인공지능 하에서의 인간의 존재 의미와 가치 혹은 옳고 그름 등을 포함하는 인성의 영역이다. 기술의 발달은 그것이 가져올 온갖 부작용이나 폐해에도 불구하고 저지할 수 없다. 문제는 그것이 몰고 올 혹은 그로 인해 새롭게 야기되는 인간의 안전과 존엄에 관한 담론이다. AI 시대의 학문하기는 캠퍼스 안팎을 막론하고 정규 교육이든 평생 교육이든 이곳을 본령으로 삼아야 한다. 로봇과 인공지능이 인간의 손발과 두뇌를 대신하는 미래에 사람의 노동 시간은 단축이 불가피하다. 머잖아 주 4일 근무와 기본 소득 지급이 일반화할 전망이다. 지역적 편차는 있겠지만 이제 인류의 삶은 생존 경쟁을 넘어 생활 영역으로 들어서고 있다. 인공지능에 의한 학문하기는 새로운 르네상스 시대의 개막을 알린다. 롤프 옌센(Rolf Jensen)은 자신의 책에서 "미래는 감성 경제가 주류를 이룰 것"이라고 예측한 바 있다. 물자가 궁핍하던 산업 사회 초기, 시장의 수요에 비해 공급이 절대적으로 부족하던 시절의 가격 경쟁에서 점차 품질, 서비스 경쟁을 넘어 감성 마케팅으로 진화하고 있다. 이는 소비자들의 기호가 재화 외적 요소로 바뀌어 가고 있음을 의미한다. 명품의 브랜드 가치 급등과 글로벌화를 그 예로 들 수 있다. 그 밖에도 스토리텔링의 중요성, 상호 작용에 의한 경험의 중시 등이 인공지능 시대의 학문적 수요를 고려할 때 반영되어야 할 변화들이다.

오가와 히토시는 『AI를 이기는 철학』(2019)에서 인공지능의 10가지 약점을 나열하고 있다. 1) 상식을 모른다, 2) 계산만 잘 한다, 3) 경험이 ,4) 의지가 없다, 5) 의미를 모른다, 6) 신체가 없다, 7)본능이 없다, 8) 감정이 없다, 9) 융통성이 없다, 10) 애매함을 모른다 등이다. 날로 발전하는 사이보그라든지 오픈에이아이의 챗지피티4 터보, 옴니에 이어 마이크로소프트의 코파일럿 피시 등 캄브리아기 대폭발로 비견되듯 하루가 다르게 개선된 모델이 등장하는 인공지능 시장을 고려할 때 몇몇 항목에 대해서는 이론의 여지가 없지 않다. 그러나 인공지능 시대에 무엇을 배우고 가르칠 것인가 하는 학문적 영역을 설정하는 데는 일정 정도 방향이나 테두리를 제공할 수 있을 것이다. "싸움에 이겨서 주인이 된 자는 진자를 노예로 부린다. 그러나 노예 의존도가 높아지면 역전이 일어나 종국엔 노예가 우위에 서게 된다"는 헤겔의 '주인과 노예의 변증법'을 유념할 일이다.

참고문헌

小川仁志(2019). *AIに勝てるのは哲學だけだ 最强の勉强法12+思考法10*, 祥伝社. 장인주 옮김(2019). 『AI를 이기는 철학: 인공지능 시대에 필요한 공부법과 사고법』. 처음북스.

Kaplan, J.(2015). *Humans Need Not Apply*, Yale University Press. 신동숙 옮김(2016). 『인간은 필요 없다: 인공지능 시대의 부와 노동의 미래』. 한스미디어.

08
생존을 넘어서

경제학자 리처드 이스털린은 "벌어들이는 소득이 일정 수준을 넘어 기본적인 욕구를 충족하게 되면 소득이 증가해도 행복도는 더 이상 비례해서 증가하지 않는다"고 주장한다. 이름하여 '이스털린의 역설'이다. 우리나라는 선진국의 입구에 서 있다고는 하지만 아직 소득 수준에 이르지 못해 보인다. 이 경계는 생존에서 생활로의 전환이다. 두 영역은 추구하는 삶의 의미와 가치가 다르다. 육체를 넘어 정신의 노동마저도 기계에 의존하게 되는 인공지능 시대에는 생활을 지원하거나 이끌 수 있는 교육, 넓게는 학문적 풍토 조성이 필요하다.

인식의 자율성

AI의 대부라 불리는 제프리 힌턴(Geoffrey Hinton)은 한 인터뷰(60 minutes)에서 인공지능이 지적이며, 자기 시스템을 이해하고, 경험에 의존해 의사 결정을 한다고 말한다. 이어서 아직은 충분치 않지만 머잖아 사람 못지않은 자기 인식(self awareness)을 갖게 될 거라고 예견한다. 그런 그가 2024년 3월 "지금껏 연구해 온 것을 후회한다. AI의 위험성을 알리기 위해 떠난다."며 구글의 부사장직에 사표를 던졌다. 원자탄을 발명한 오펜하이머도 후회한다는 비슷한 발언을 한 바 있다.

우리나라의 출산율 0.8명 이하, 오랜 기간 막대한 예산을 쏟아부은 출산 장려 정책은 실패라는 것이 지배적인 여론이다. 일본 작가 우치다 다쓰루는 『인구 감소는 위험하다는 착각』(2019)에서 인구 감소를 기정사실화하고 이에 대한 대안을 다각적으로 제시하고 있다.

1968년 미국의 동물 행동학자 존 B. 캘훈(John B. Calhoun)은 한 가지 흥미로운 실험을 한다. 쥐들에게 최적의 환경을 제공하고 이를 오랫동안 관찰한 것이다. 처음에 네 쌍으로 시작한 실험은 1년 후 660마리, 2년 뒤 2200마리를 정점으로 번식을 멈춘다. 최대 3800마리를 수용할 수 있는 쥐의 낙원이 공간과 먹이를 둘러싼 투쟁의 장으로 변질, 쇠퇴하기를 시작한 것이다. 근친 교배라든지, 단일 집단 관찰 등 여러 한계점이 있지만 이 실험이 인간 사회에 시사하는 바는 뭘까?

지구상의 인구는 80억을 넘어서고 있다. 전문가들 사이에 다소의 이견이 있으나 지구의 최대 수용 능력은 110억 정도라고 한다. 앞으로 20년 이내에 닥칠 전망이다. 뉴노멀의 일상화, 정의와 공정에 관한 논의, 인간지능과 인공지능의 선두 싸움 등이 일상화하는 시대, 학문이 지향해야 할 가치와 추구해야 할 궁극의 목표는 어디인가?

2023년 6월 교육부는 AI 디지털 교과서 추진 방안을 발표한 바 있다. 2025년 수학, 영어, 정보, 특수 교육 교과에 우선 도입하고 2028년까지 국어, 사회, 역사, 과학, 기술, 가정 등으로 확대한다는 일정이다. 이를 위해 모든 학생이 배경에 상관없이 신기술에 접근하고 맞춤 교육 기회를 얻도록 설계한다는 방침이다. 하지만 원론적인 방침만 있을 뿐 실행을 위한 방법론은 찾아보기 힘들다. 보다 구체적인 이해를 위해 미국의 사례를 찾아본다. MIT 미디어 랩은 중학생을 위한 윤리 교재를 제작하면서 1) 알고리즘의 원리로 음식을 만들면서 그 요리법을 알고리즘으로 짜서 설계 과정과 구조를 깨닫도록 도와주기, 2) 기술의 사회적 연계와 맥락에 관한 것으로 내재된 가치 지향성을 이해시키기, 3) AI에 구조적으로 담긴 편향성과 한계를 똑바로 알게 해 주기 등의 3가지에 초점을 맞춘다.

대한민국의 정책 입안자나 의사 결정권자는 대개 디지털과 먼 세대다. 더 심각하게는 보릿고개를 경험한 연배다. 이들에게 디지털이나 삶의 의미와 가치 추구 등은 피상적인 영역이다. 아무리 상상력을 발휘해도 미칠 수 없는 범위다. 그럴수록 교육 정책은 더욱더 고착화되어 가고 있다는 느낌을 떨쳐버리기 힘들다.

생존에서 생활로

우리 사회에서도 공유 경제나 기본 소득에 관한 논의나 정책이 자주 거론되고 있다. OECD 기준 노인 빈곤율이 세계 1위지만 평균적인 경제 소득은 중진국을 넘어 선진국 문턱에 와 있다. 삶의 방식이나 가치의 추구 면에서 생존을 넘어 생활을 지향할 시기다. 그런데도 우리 사회가 절대적인 금전만능 혹은 물질 지향을 벗어나지 못하고 있다. 일제의 수탈과 한국 전쟁 이후 절대 빈곤을 극복하기 위한 전 국민적 노력은 70년을 지나오는 동안 가속도가 붙어 누구도 제어할 수 없는 지경이다. 인공지능과 공존하는 미래는 생활의 시대다. 인공지능이 가져올 여러 가지 긍·부정에 관한 정책적 토의나 학문적 논의가 사회적 아젠다가 못 되는 이유도 이 때문이다. 조동일 교수가 주장하는 수입학이 창조학이 되기 위한 혹은 지식인과 선비 정신이 합일될 수 있는 절호의 기회다.

인터넷과 컴퓨터에서 사물 인터넷, 로봇, 인공지능 등으로의 이행을 누구는 2차 산업 혁명, 3차 혹은 4차로 명명한다. 4차 산업 혁명이란 표현은 슈바프가 다보스(WEF 2016) 포럼에서 세간의 주목을 끌기 위한 차별화 의도로 내세운 표현이다. 노동의 종말이나 거리의 소멸 등 후기 산업 사회의 변화를 지속적으로 관찰하고 예측해 온 리프킨의 3차 산업 표현도 크게 틀리지는 않다. 하지만 저자의 관점으로 2차 산업 혁명이 더 적합하다는 생각이다. 1차 산업이 손발 등 신체의 노동을 대신하기 위한 변화라면 2차는 두뇌 곧 인지 활동의 노력을 덜기 위함이다. 다시 말해서 인공지능이 주도하는 오늘의 변화는 1만 년 전의 농업 혁명 이후 200여 년에 걸친 1차 산업 혁명이 저무는 때다. 그리고 인공지능이 이끄는 세상은 무주공산이다. 이면우 교수가 주장하는 무주지 선점주의의가 작동할 수 있는 절호의 기회다.

인공지능 시대에 생존을 넘어 생활을 지향하는 학문

이란 무엇일까? 본말이 전도되고 두서가 바뀐 감이 없지 않지만, 이제라도 모든 학문 영역에 철학적 의미와 가치를 기본으로 하는 구조 설정이 필요하다. 그러기 위해서는 왜(WHY)라는 물음이 목차의 맨 앞에 자리할 수 있어야 한다. 그동안은 생존을 위해 어떻게(HOW)에 천착해 왔다면 이제부터라도 그 학문을 그 과목을 그 주제를 왜 해야 하는지에 관한 물음이 전제되어야 한다. 인문학이나 사회 과학은 물론 자연 과학 전반에 걸쳐 이러한 자세가 필요하다. 인공지능은 '왜?'라는 사유를 하지 않는다. 대신 우리들의 정제된 질문을 요구한다. 인공지능 시대에 인공지능과 차별화하고 인간 고유의 존엄을 회복함으로써 생존을 넘어 생활 속으로 들어가는 길이다.

일과 배움과 놀이

오래전 공자는 '지지자 불여 호지자 호지자 불여 낙지자(知之者不如好之者,好之者不如樂之者)'라 하여, '아는 것이 좋아하느니만 못하고 좋아하는 것은 즐기는 것만 못하다'며 매사를 기꺼이 대할 것을 권한다. 요한 하위징아(John Huizinga)는 『호모 루덴스(Homo Ludens)』 곧 '놀이하는 인간'이라는 책에서 삶의 본질을 놀이로 파악한 바 있다. 철학자 에릭 호퍼(Eric Hoffer) 역시 원래 인간은 노는 존재로 규정하고 그 증거로 토기보다 토우가 먼저 만들어진 역사를 들고 있다.

저자는 인간의 삶은 본디 일과 배움과 놀이에 구별이 없었다고 생각한다. 상상해 보자. 맹수들의 울음소리와 추위를 동굴 속에서 모닥불 하나로 견뎌 낸 일가 중 손에 몽둥이를 쥔 아버지를 아들이 뒤따라 나선다. 가장은 아침거리를 장만하기 위해 곧 일하러, 그리고 아들은 아버지를 돕기 위해 즉 배울 겸해서 놀러 따라나선 셈이다. 사냥을 마친 가족은 배불리 먹고 춤을 추거나 동굴 벽에 그림을 그린다. 함께 노는 것이다. 이런 생활은 농업 사회까지 이어졌다. 어른들은 모내기하고 아이들은 못 줄을 잡고 가을 추수가 끝나면 농악을 하며 즐긴다. 산업사회가 되며 세상은 바뀐다. 일할 사람은 공장으로, 배울 사람은 학교로, 군인은 군대로, 환자는 병원으로 흩어진다. 규모의 경제 원칙에 따라 대량 생산을 위한 효율화 때문이다. 컴퓨터에 힘입은 정보 사회는 다품종, 소량생산을 가능케 한다. 인터넷과 네트워크, 모바일 등 일련의 발전은 게임과 오락 산업을 극대화시킨다. 마침내 게임화(gamification)가 정치, 경제, 사회, 문화에 걸쳐 전방위적으로 확산되고 있다. 군사 훈련에서 환경 캠페인에 이르기까지 모든 교육이나 업무 프로그램 혹은 매뉴

얼이 게임 개념을 바탕으로 한다. 바야흐로 일과 배움과 놀이가 농업 사회 이전 삶의 방식으로 회귀하기 시작한 것이다. 인공지능 시대의 학문을 고민하는 시점에서 생존에서 생활로의 전환과 함께 고려할 사안이다.

참고문헌

이면우(1992). 『W이론을 만들자』. 지식산업사.

小川仁志(2019). *AIに勝てるのは哲學だけだ 最强の勉强法12+思考法10*, 祥伝社. 장인주 옮김(2019). 『AI를 이기는 철학: 인공지능 시대에 필요한 공부법과 사고법』(27~43쪽). 처음북스.

Brynjolfsson, E. & NcAfee, A.(2014). *The Second Machine Age.* W.W. Norton & Company.

Jensen, R.(1999). *(The)Dream society.* McGraw-Hill. 서정환 옮김(2000). 『드림 소사이어티』. 리드리드출판.

Rifkin, J.(2011). *The Third Industrial Revolution*, MacMillan Publishing Company. 안진환 옮김(2012). 『3차 산업혁명』. 민음사.

Schwab, K.(2016). *The Fourth Industrial Revolution.* Portfolio Penguin. 송경진 옮김(2016). 『제4차 산업 혁명』. 메가스터디북스.

09
영적 자본의 시대

조하르와 마샬(Zohar D. & Marshall I.)은 『영적 자본(Spiritual Capital)』(2011)이라는 책에서 자본주의는 물질적 자본과 사회적 자본을 거쳐 영적 자본의 3단계로 진화한다고 그 발전 과정을 설명하고 있다. 지금 우리는 사회적 경제니 사회적 자본이니 하는 용어들이 난무하는 가운데 다양한 사회적 기업들이 늘어나는 추세다. 그런가 하면 종교적 색채가 짙지만, 영성이라는 단어도 낯설지 않다. 우리는 제대로 가고 있는 걸까?

숨겨진 질서

2022년 노벨 물리학상은 양자 중첩과 관련된 흥미로운 현상인 양자 얽힘을 실험적으로 규명한 세 명의 과학자에게 돌아갔다. 1922년 닐스 보어(Niels Bohr)가 원자 구조의 이해와 양자 역학의 성립에 기여한 공로로 노벨 물리학상을 수상한 지 꼭 100년 만의 일이다. 보어는 동네 중국집에서 구한 태극 문양을 옷깃에 달고 수상식에 갔다는 일화가 전해진다. 양자 역학의 기초 개념인 이중 슬릿 실험은 전자와 같은 미시적 입자들이 파동성과 입자성을 동시에 가질 수 있다는 사실을 증명한다. 이는 관찰자의 개입 여부에 따라 생사를 달리 한다는 슈뢰딩거의 고양이 사고 실험으로도 유명하다.

노먼 매클래런(Norman McLaren)은 철새 떼의 움직임을 관찰하여 1) 서로 가까이 붙게 되면 떨어지고, 2) 벌어지면 다가가고, 3) 전방에 방해물이 나타나면 좌 혹은 우로 회피하는 3가지 원리를 발견한 후에 컴퓨터 액티베이팅 기술을 이용, 이를 자연스럽게 애니메이션으로 연출한 바 있다. 앞의 두수를 더 하면 다음 수가 나오는 피보나치 수열(Fibonacci sequence) 현상은 나뭇가지의 확산, 해바라기 씨의 퍼짐, 모시조개 주름의 확산 등 도처의 자연 현상에서 발견된다. 복잡계에서는 이런 프랙

탈 현상을 자기 조직화(self organization) 이론으로 설명한다. 존 홀랜드(2001)나 데이비드 봄(2010) 등은 자신들의 저서에서 이를 양자 역학이나 복잡 적응계를 설명 혹은 입증하기 위해 다양하게 인용하고 있다. 하지만 관계적 사고에 익숙하고 천인합일 또는 천지인 사상에 낯설지 않은 우리로서는 이러한 관점을 수용하는 데 심정적으로 별 어려움을 느끼지 않는다. 물질과 정신과 영혼이 하나의 원형에서 비롯됐음을 알지만 아직 (서구식) 과학으로 설명 해내지 못할 뿐이다.

물질 너머

자본주의가 물적 혹은 물질을 추구한다는 데에 이의를 달 사람은 드물다. 민주주의와 자본주의를 표방하는 지금 우리 사회는 물질 만능주의를 구가하고 있기 때문이다. 그 다음은 어디일까?

정부는 느닷없이 사회적 경제, 사회적 자본, 사회적 가치 등의 용어를 쏟아내며 사회적 기업 육성에 예산을 붓기 시작한다. 반공을 국시로 하는 나라에서 그리고 사회주의와 공산주의를 혼동하는 나라에서 어리둥절한 일이지만 이제는 어느새 익숙해진 듯싶다.

자료에 따르면 사회적 기업의 등장은 1990년대 들어

유럽 사회가 경기 침체와 대량 실업 등의 사회적 문제를 해결하기 위해 제3섹터의 고용 창출 방안을 모색하면서 비롯된 것으로 알려졌다. 우리나라에서는 1997년 외환 위기로 야기된 소득 양극화와 실업률 해소를 위한 대안 경제의 일환으로 도입한 것이다.

얼핏 외견상 시기와 이유가 유사하다. 문제는 그 이전 짧게는 수십 년에서 수백 년에 걸친 유럽의 사회주의적 성향을 배경으로 하는 자본주의와 들어온 지 채 반세기가 못 되는 우리나라의 토양 차이에 있다.

마을 기업 혹은 협동조합의 형태로 확산되기 시작한 우리 사회적 기업의 지원 자금은 속된 표현으로 눈먼 돈이라 할 만큼 시행착오를 겪으며 오늘에 이르고 있다. 사회주의에 관한 편향적 해석 때문이겠지만, 진보에서 보수로 정권이 바뀌면서 용어의 변경이나 전략적 심하게는 정책적 수정이 가해지고 있으나 여기서는 논외로 한다.

여기에 더해 종교적 특히 기독교의 독점적 용어가 되다시피 한 영성은 일반인의 시각으로는 도저히 물적, 사회적 다음 단계로 자리매김하기 어려운 용어요 개념인 상황이다. 그래도 우리 사회는 지난 20여 년의 정부 주도 정책으로 사회적 가치나 경제 혹은 기업 등의 수식어

만큼이나 사회적 자본이 익숙해진 지경에 이르렀다. 그에 앞서 물질적 자본주의의 수준은 선진국 진입을 목전에 둔 경제 성장에서부터 물질 만능주의에 이르기까지 긍 · 부정 양측에서 충분히 성숙해 있음을 부인하기 어렵다. 따라서 적어도 외형적으로는 물적 자본주의에 이은 사회적 자본주의에 돌입해 있으며 다음 단계인 영적 자본주의를 논할 수 있는 지경에 이르렀다고 정리할 수 있다.

사회적 자본과 인공지능

물적 자본주의는 물질적 자산의 축적에 중점을 두고, 사회적 자본주의는 사회적 관계와 공동체의 복지를 중요시하는 반면에, 영성 자본주의는 영적 가치와 윤리적 원칙을 강조한다. 세 가지 자본주의는 공히 경제적 성장과 부의 창출을 목표로 하지만, 각각의 자본주의가 중시하는 가치와 목표는 상이하다. 이를테면 물적 자본주의가 주로 개인의 경제적 이익과 소비에 치중한 반면 사회적 자본주의는 사회 복지와 이익을 중시하고, 영적 자본주의는 영적인 가치, 윤리적 원칙, 내적 성장과 같은 비물질적 자산을 강조하며 이를 위해서는 개인이나 기업이 높은 수준의 윤리와 영적인 가치를 지키며 활동하는 것을 전제로 한다.

얼핏 유럽이나 미국의 사회적 자본 등장과 우리의 그것이 크게 시차를 보이지 않아 문제없어 보이지만 물적, 사회적 및 영적 자본주의가 모두 그 이전 단계의 숙성을 전제로 한다는 점에서 문제가 아닐 수 없다. 앞서 인용한 바 있는 이스털린의 역설에 의하면 우리나라는 수치상으로는 선진국 진입을 목전에 두고 있지만 정서적으로는 물적 자본주의가 팽배한 상황이다. 사회적 복지나 이익보다는 개인의 그것이 더 중시되는 시점이다.

인공지능의 출현과 확산이 사회적 경제 형성과 사회적 가치 축적에 여하히 이바지할 수 있을지 학문적 논의가 필요한 시점이다. 이는 앞서 지적한 윤리, 도덕 문제의 연장이며 영성 자본주의를 맞이하기 위한 준비 과정이기도 하다.

사회적 자본주의를 위한 학문적 영역과 관련해서 인공지능에 의존한다면, 데이터 분석이나 예측, 다양한 커뮤니티의 조성과 지원 나아가 투명성과 책임성 강화, 지속 가능성 및 사회적 혁신 촉진, 협력과 네트워킹 강화 등 다양한 층위의 교육과 인식 제고에 접목이 가능할 것이란 생각이다.

인공지능과 영성

샌델이 촉발시킨 '정의란 무엇인가'라는 논쟁의 배경은 무엇일까? 아마도 사회적 불평등의 팽배와 공정성 요구, 철학적 교양에 대한 수요 증가 그리고 글로벌 금융 위기 이후 도덕적 해이에 관한 관심 등으로 요약해 볼 수 있겠다. 이들은 사회적 가치에 관한 문제인 동시에 종국에는 영적 자본에 닿아 있다. 지금 우리 사회는 가속화의 제동을 걸기 위한 비용을 지불하는 단계에 들어서 있다.

영적 자본이란 개인이나 조직이 지닌 영적인 자원과 가치, 신념 체계가 경제적, 사회적, 문화적 활동에 미치는 영향력을 의미한다. 이는 단순히 물적 혹은 정신적 자본과는 다른 차원의 자본으로, 사람들의 삶의 목적, 의미, 윤리적 지침 등을 제공하며, 개인이나 공동체의 행동을 이끄는 동기 부여 요소로 작용할 수 있는 자원이다. 이들은 개개인의 삶의 목적이나 신념 체계를 바탕으로 윤리적 가치나 공동체 의식을 구성하고 사회적 책임 의식을 갖게 만든다.

때문에, 인공지능의 등장은 영성 자본주의를 앞당기는 데 순기능으로 활용할 수 있겠다는 기대를 하게 한다. 인공지능은 평가 시스템에 의한 투명성 증대로 윤리적 의사 결정을 지원할 것이며, AI 기반의 개인 맞춤형 윤리 교육 프로그램을 개발하여 직원과 경영진이 영적 자본주의의 원칙을 이해하고 실천할 수 있기 때문이다. 그뿐만 아니라 기업 활동이 지역 사회와 사회 전체에 미치는 영향을 분석하고, 사회적 가치를 창출하는 방법을 모색하거나, 지역 사회의 필요를 파악하고, 이를 바탕으로 기업의 사회적 공헌 활동을 계획하고 실행할 수도 있을 것이기 때문이다.

따라서 영적 자본주의의 정착을 위한 인공지능 시대의 학문을 위해서는 윤리적 의사 결정 지원, 교육과 인식 제고, 지속 가능성 관리, 사회적 가치 창출, 혁신적 비즈니스 모델 개발 등을 염두에 둔 교과 내지는 학습 모델에 대한 고민이 필요하다.

학문의 방향

인공지능 시대의 학문은 철저하게 개인 맞춤형으로 농업 사회 이전의 일대일 혹은 독학에 의한 자가 학습이 일반화될 전망이다. 서양의 산업 사회 문명이 도래하기 전까지 동양(우리나라)의 교육은 수신제가 치국평천하(修身齊家治國平天下)가 표방하듯 자기 관리 곧 윤리와 도덕이 모든 학습의 선행 조건이었다. 인공지능이 주도하는 후기 정보 사회(혹은 4차 산업 혁명 사회)는 산업 사회의 생산성 추구와 물질 만능주의로 유실된 윤리, 도덕과 같은 가치가 복원될 전망이다. 두 가지 이유 때문이다. 하나는 인간지능이 인공지능과 차별화될 수 있는 유일한 영역은 가치 부분이다. 다른 하나는, 이것이 전제되지 않고서는 인공지능 사회가 온전히 작동될 수 없을 것이라는 사회적, 국가적, 나아가 전 지구적 공감대의 확산이다.

요는 이러한 당위를 학문이 여하히 수렴하느냐의 과제다. 아직은 개별적이지만 산업이나 학계에서 이러한 노력들이 산발적으로 이루어지고 있다. 이를테면 비즈니스 영역에서는 구글의 윤리 위원회, 마이크로소프트의 'AI for Good', IBM의 AI 윤리 헌장이라든지 삼성이나 포스코의 ESG 경영, 네이버의 윤리적 AI 개발 등을 들 수 있다. 또 학계를 보면, 스탠포드(인간 중심 연구소), MIT(AI 윤리와 거버넌스 연구), 옥스퍼드(미래 인류 연구소), 서울대학교(AI 윤리 연구 센터)나 KAIST의 'AI for Social Good' 연구 등을 꼽을 수 있다.

이러한 분산된 노력을 조직화, 체계화하면서 방향을 제시할 수 있는 구심점이 필요하다. 이를 위해서는 정부(교육부)와 제 학술 단체를 망라하는(학술원) 기관이 주축이 돼서 이견을 조율하고 여론을 조성해 가는 노력이 요구된다.

참고문헌

Bohm, D.(2002). Wholeness and the implicate order. Routledge. 이정민 옮김(2010). 『전체와 접힌 질서』. 시스테마.

Holland, J.(1996). *Hidden order.* Basic Books. 김희봉 옮김(2011). 『숨겨진 질서』. 사이언스북스.

Zohar D. & Marshall I.(2004). Spiritual Capital: Wealth we can live by, Better-Koehler Publishers

10
모든 학문은 미래학

유럽인들이 몰려와 땅을 팔라고 하자 아메리카 원주민들은 “아니 저 흘러가는 구름, 불어오는 바람, 자유롭게 날아다니는 새들, 계절을 달리하면서 피는 온갖 꽃과 열매들을 어떻게 하면 사고팔 수 있는 거지?”라며 의아해했다. 그들에게 자연은 땅만 떼어낼 수 없는 온전한 상태다. 온전한 삶을 한 번도 살아 본 적이 없지만 지금 우리는 DNA에 남겨진 기억을 더듬어 그곳을 향하고 있다.

궁극의 가치

이 책을 집필하는 동안 신문에 "[교육의미래] 미래 교사가 갖춰야 할 최고의 교수법" 제하의 글(≪세계일보≫ 2024년 6월 20일)이 보인다. 박남기 교수의 책 『생성AI 시대 최고의 교수법』(2024) 소개와 함께 본문을 인용하면 "만일 완전히 인간을 대체할 수 있는 기계 교사가 만들어지고, 가상 현실 속에 직접 모여 학습할 수 있는 메타버스가 상용화된다면, 학교의 모습과 인간 교사의 역할은 상당히 바뀔 것이다. 하지만 우리가 원하는 지식, 기능, 태도, 가치관 등을 뇌에 직접 입력할 수 없다면 교수 학습의 본질은 유지될 것이다. 그 본질이란 교사가 학생들과 교감하면서 무기력한 학생들에게 학습 의욕을 북돋아 주고, 매일 배워야 할 내용을 즐겁게 배울 수 있도록 유도하며 함께 성장해 가는 것을 의미한다. 다만, 교사들이 AI를 능숙하게 다룰 줄 알면 더 적은 노력과 시간을 투자해 지금보다 나은 교수 학습 활동을 할 수 있을 것이다. 그리되면 미래 학교는 지금보다 인간적인 소통이 더욱 활발하게 이뤄지는 행복한 배움터가 될 수 있을 것이다"라는 기사다. 바람직하다. 문제는, '교사들이 AI를 능숙하게 다룰 줄 안다면'이라는 단서다. 교사(교수 포함)들은 결코 학생들보다 AI를 능숙하게 다룰 수 없다는 시대적 역류 현상은 더 이상 가정이 아니라 현실이다. 인공지능이 주도하는 4차 산업 혁명 시대는 학문 영역에 있어서 후대가 선대보다 진화적으로 더 익숙한 도구와 환경을 갖고 태어난 첫 번째 세대다. 유사 이래 인류는 만유인력과 같은 자연법칙에 순응하며 살아왔다. 물 흐르듯 세대를 넘어 자연스럽게 이어지던 학문 승계에 일대 혼란이 발생한 것이다. 문제는 절차라는 형식뿐만 아니라 승계되는 내용까지도 혼선이 충만하다. 역류 현상이다.

일례로 인구 문제를 들 수 있다. 정부는 수십 년간 수십조 원의 예산을 들이고도 인구 감소를 막는데 끝내 실패했다. 우치다 다쓰루가 쓴 『인구 감소는 위험하다는 착각』에서 고령화와 인구 감소에 관한 사회 문제를 10명의 전문가들 의견을 모아 제시하고 있다. 얼핏 상반돼 보이는 이 두 관점을 1968년 미국 정신 건강 연구소의 동물 행동학자 존 B. 캘훈이 약 5년 동안 실행한 '쥐의 낙원'이라는 실험 결과와 대비해 보면 학문의 미래에 관해 시사하는 바가 적지 않다. 풍부한 음식과 최적의 환경을 마련하고 4쌍의 쥐를 풀어 왔지만 2년간 2200마리까지 번식을 끝으로 점차 쇠퇴하다가 끝내 멸종(여부는 확실치 않다. 수백 마리로 줄어든 5년 뒤쯤에 실험을 중단했기 때문이다)한다는 보고다. 일정 개체 이상으로 늘어나자 먹을 것과 영토를 둘러싼 권력 싸움과 함께 강자건 약자건 증식을 포기했다는 것이다.

인공지능과 로봇 등에 의해 인간의 노동은 점차 줄어들 것은 분명하다. 막스 베버(Max Weber)가 주장한 신이 부여한 근면, 성실(프로테스탄티즘의 윤리와 자본주의의) 정신은 언제까지 유효할 것인가? 선대는 어떻게 가르칠 것이며 후대는 어떻게 깨우쳐 갈 것인가? 묶어서, 인류가 지향해야 할 궁극의 가치는 무엇 혹은 어디일까?

참진성으로의 수렴

인공지능을 학문과 연계시킬 때 그 접점은 인지 곧 정보처리 능력 혹은 방식이고 그 정점은 창의성이다. 챗지피티를 포함한 인공지능이 창의적인가에 관한 논란은 아직 진행 중이지만 (인간 고유의) 학문 활동 측면에서 중요한 이슈가 아닐 수 없다.

이에 관해서 챗지피티4.o와 나눈 대화를 중심으로 논의를 이어가 보자. 앞서 6장. AI의 등장에서 인용한 에피소드2 곧, 인테그리티는 인티그레이션의 어원이다 (Integrity is the etymology of Integration)라는 문장 가운데 인테그리티(Integrity)를 두고 챗지피티와 여하히 이를 한국어로 번역 혹은 표현할 수 있을지 수차 대화를 교환했다. 이 단어에 대한 합의된 한국어 표현은 없다. 일례로 헨리 클라우드(Henry Cloud)의 책은 한국어 번역서에 원 제목을 그대로 한글로 표기한 『인티그리티』(2021)로 쓰고 있다. 처음엔 이러한 명제에 관한 챗지피티의 의견을 묻는 것으로 시작해서 종내에는 인테그리티의 한국어 표현에 이르렀다. 그가 제시한 의견은 온전함, 진정성, 성실함 등이었으나 이들이 갖는 기존 의미나 한계에 관한 논의를 거쳐 마침내 '참진적' 혹은 '참진성'이란 한글과 한자가 혼재된 표현에 이르렀다. 저자가 이는 생소한 단어로 창의적이라는 지적에 생성(generation)이라고 답한다. 최종적으로 저자의 "Integrity를 우리말 사전에 없는 '참직함'이라고 만들어낸 AI의 활동은 생성과 창조 중 어느 쪽이고 왜 그런가?"라는 물음에 챗지피티 4.0는 "저의 활동은 '창작'에 해당합니다. 그 이유는 다음과 같습니다: 창의성 중심: '참직함'이라는 단어를 만드는 과정에서 기존의 단어 요소들을 창의적으로 결합하여 새로운 단어를 만들어 냈습니다. 이는 단순히 알고리즘이나 프로세스에 의존한 것이 아니라, 창의적인 사고와 상상력을 활용한 결과입니다. 인간의 개입: 이 새로운 단어를 창작하는 과정에서 제 자신의 직관과 언어적 감각이 개입되었습니다. 이는 기계적인 생성 과정과는 달리, 창작자의 개성과 독창성이 반영된 결과물입니다. 따라서, '참직함'이라는 단어를 만들어낸 활동은 자동화된 프로세스를 통한 '생성'이 아니라, 창의적이고 상상력에 기반한 '창작'입니다."라는 대답으로 끝을 맺는다.

혹자는 사용자(저자)의 유도나 혹은 강요 때문이라고 또는 프롬프트 엔지니어링의 미숙이거나 한계 때문일 거라고 지적할 수 있다. 어쩌면 생성과 창의는 미래 사회(사이보그)의 관점에서는 동전의 양면일 수 있다. 요는 이를 여하히 논리적 혹은 학문적으로 정립해 나갈 것인가 하는 것이다. 온전한 지경에서는 생성과 창의가 구별되지 않을 것이다.

모든 학문은 미래학

전공 관련해서 저술한 책의 말미에 '모든 과학은 미래학'이라고 기술한 바 있다. 이제 이 책을 마무리하면서 '모든 학문은 미래학'으로 확장하면서 창조 경제 이론을 인용한다. 눈앞의 세상과 다가오는 미래의 키워드가 '창조' 혹은 '창의'라는 데 이의를 달 사람은 드물다. 존 호킨스(John Howkins)는 동일한 제목의 책 『창조 경제』에서

"창조 생태계는 모든 사람이 정도의 차이를 갖지만, 창의성을 가지고 태어나며, 창의가 발현되려면 자유가 보장되어야 하고, 그 자유는 걸림 없이 거래될 수 있는 시장을 필요로 한다"고 규정한다. 이는 산업 사회를 벗어나는 탈대량화에 의한 창의력을 지닌 개인(의 정체성)과 이들 간 소통의 자유로움, 그리고 그 거래의 정당성을 의미한다. 창의성이 이제까지처럼 인공지능과 공존하게 될 앞으로의 세상에서도 그 독점력을 유지하기 위해서는 호기심이 발현되어야 한다. 설사 인공지능의 생성(generative) 능력이 인간의 창의력(creative)과 혼재될 수 있을 만큼 발전하더라도 그 원동력은 호기심(curiosity)이며, 이 호기심이야말로 인간만의 자발성에 기인하는 까닭이다. 그리고 그 호기심은 질문으로 표출된다. 저자가 제시하는 미래 사회의 3가지 키워드는 사이보그, 메타버스, 비트코인이다. 사이보그는 인공지능 내지는 로봇과 호환 내지는 일체화하는 인간, 메타버스는 온, 오프라인을 망라하는 생활 공간 그리고 비트코인은 국경을 넘나드는 모든 거래의 진위를 감당한다. 이러한 세상은 창의와 자유(거래) 및 시장(질서)를 전제로 한다. 따라서 모든 학문은 윤리, 철학에서 경제, 경영 혹은 수학에서 물리학 화학 생물학에 이르기까지 이러한 변화를 전제하고 수용할 수 있는 방향으로의 모색이 필요하다.

바야흐로 세계는 물질 자본에서 정신 자본을 넘어 영적 자본 시대를 지향하고 있다. 육체와 정신의 노동으로부터 자유로워지는 인간은 산업 사회 이후 물질적 풍요를 위한 외부 지향적 시선을 삶의 의미와 가치에 대한 정체성 곧, 존재론적 사유 작업으로 회귀하기 시작한다. 이러한 작업의 원동력은 자발적인 지적 호기심이다.

'AI와 학문'은 '인공지능 시대 학문하기'의 압축 표현이다. 모든 학문하기의 원동력은 호기심을 부추기고 자극하는 활동이 되어야 할 것이다. 호기심은 앞으로 일어날 것에 대한 기대다. 때문에, 미래학이다.

참고문헌

김일철(2015). 『IMC의 공진화』(110쪽). 커뮤니케이션북스.

Howkins, J.(2013). *Creative Economy: How people make money from ideas.* Penguin Global . 김혜진 옮김(2013). 『존 호킨스 창조 경제: 아이디어와 다양성이 만들어내는 전혀 다른 미래』. FKI미디어.

김일철

동의대학교 광고홍보학과 명예 교수다. 국내외 기업에서 20여 년간 관리자, 임원 및 대표 이사로 마케팅 커뮤니케이션을 비롯하여 경영 전반의 실무 경험을 축적하였다. “우리나라에서 IMC의 적용 가능성에 관한 연구(1998, 한양대)”로 국내 최초로 IMC에 관한 학위를 취득하였다. 2000년, 대학교로 자리를 옮긴 뒤 IMC 및 국제 광고 PR 관련, 국제 학술지 등에 40여 편의 논문과 21권의 저서 및 역서를 출간하였다. 디지털 전환이라는 과도기적 상황을 거쳐 오면서 주로 광고와 PR에 관한 기존 이론들의 한계점과 대안 모색에 주력하였으며 이를 『복잡계 광고』(2014), 『복잡계 PR』(2014), 『IMC의 공진화』(2015) 등의 단행본을 통해 발표한 바 있다. 대학교에 재직하는 동안 문화관광부 선발 노스웨스턴대학교 우수 연구 교수, 베이징대학교 초빙 교수, 센젠대학교 교환 교수, 하와이대학교 미래 연구소 방문 교수 등을 지냈다. 은퇴 후 AI 시대의 사회인문학 연구를 위한 하이터치 휴먼 랩(High Touch Human Lab.)을 개설하고 저술과 강연, 텃밭 가꾸기 등을 하며 지내고 있다.